Plus de signes inconnus!!! — Plus de travail de mémoire! — Exécution vocale et instrumentale plus juste et plus brillante!

NOTATION MUSICALE

POUVANT REMPLACER LES SIGNES USUELS ET LE PLAIN-CHANT; CONVENANT AU CHANTEUR ET A L'INSTRUMENTISTE EXPRIMANT TOUS LES FAITS ACQUIS A L'ART, ET POUVANT DONNER LA CONNAISSANCE DE LA

MUSIQUE SANS MAITRE

Ce système n'a aucun des quarante-cinq vices de la méthode usuelle, ni aucun de ceux de la notation par chiffres, qui sont au nombre de vingt-cinq; il ne demande généralement que

DIX HEURES DE TRAVAIL

pour apprendre seul des chants à difficultés ordinaires; il augmente, il double, ou il triple même les connaissances théoriques, mélodiques, harmoniques ou instrumentales des personnes déjà musiciennes, et n'exige d'elles

AUCUNE ÉTUDE NOUVELLE

PAR MAURICE DELCAMP

EX-PROFESSEUR DE L'ÉCOLE MILITAIRE ÉGYPTIENNE, DE HUSSEIN-BEY, FILS DE MÉHÉMED-ALY, ET DE AHMED-BEY, FILS D'IBRAHIM-PACHA;

DEUX FOIS BREVETÉ DE L'UNIVERSITÉ DE FRANCE

Cette quantité de lignes, de clefs, de transpositions, de dièzes, de bémols, de bécarres, de mesures simples et composées, de rondes, de blanches, de noires, de croches, de doubles croches, de triples croches, de pauses et de demi-pauses, de soupirs, de demi-soupirs et de quarts de soupirs, de points, etc., donnent une foule de signes d'où résultent, entre autres inconvénients, celui de surcharger la mémoire des écoliers; de façon que l'oreille étant formée, et les organes ayant acquis toute la facilité nécessaire longtemps avant qu'on soit en état de chanter à livre ouvert. ROUSSEAU.

GÉOMÉTRIE, ARITHMÉTIQUE.

Unité, Ordre, Simplicité

Confusion

Larghetto

Allegretto

Con brio

Rulenuto

Scherzando

Hieroglyphes

Combien d'élèves, après 2 et 3 ans, attestent, par l'impossibilité où ils se trouvent d'observer les valeurs tant soit peu compliquées, l'insuffisance de ces méthodes, la défectuosité de ce système (AUBERY DE BOULLEY). — Notre musique, telle qu'elle est, est déjà trop compliquée, tout le monde en convient, et après avoir célébré les auteurs de nos systèmes, il sera juste un jour de célébrer davantage ceux qui les réduiront à leur juste valeur... Notre musique est réellement trop surchargée (GRÉTRY). — Les machines sont aux bras ce que sont les méthodes à l'esprit (CONDILLAC).

PRIX : 4 FRANCS

PARIS

CHEZ CHAILLOT, ÉDITEUR, RUE SAINT-HONORÉ, 354.

et chez l'auteur, rue Montmartre, 165.

1853

PRÉFACE.

Chaque homme, selon ses capacités, doit porter sa part dans l'œuvre du bonheur de l'humanité.

Les personnes importantes dans les sciences, les arts et les administrations publiques, ne peuvent plus mettre en doute l'importance et l'utilité du développement des facultés musicales. Elles doivent être convaincues que l'auteur de la nature, en nous donnant le pouvoir de produire naturellement tous les éléments harmoniques, a eu pour but de mettre à notre disposition, un élément de bonheur et un moyen d'équilibrer les passions humaines.

Tous les hommes auront donc, par l'adoption d'une langue musicale, dégagée de tout ce qui est inutile à l'expression de la mélodie, simple de sa nature, comme tout ce qui est fait pour le bonheur de l'humanité. Ils pourront donc reproduire, dans leurs moments de loisir, ces milliers de productions qu'enfante le génie musical.

Ils auront à leur disposition ce pain mystique qui fortifie l'âme et la soutient dans l'adversité ; qui l'ennoblit quand les facultés physiques sont trop excitées par les appétits sensuels, et la porte vers le domaine des jouissances spirituelles. En possédant la science des sons, l'homme aura à sa disposition le signe le plus significatif des fortes émotions de l'âme ; cette puissance morale qui subjugue, électrise, émeut, entraine les âmes les plus indifférentes et commande l'amitié la plus pure. Par la pratique de cet art merveilleux, son âme se portera vers les idées du vrai, du juste, du sublime, où l'amour des hommes et de l'auteur de toutes les harmonies se développera instinctivement et sans contrainte ; il aura à sa disposition une langue riche et puissante pour exprimer de grandes pensées, ou les nobles sentiments qui naissent de la contemplation de la nature et des rapports sociaux.

Platon compare la poésie dépouillée du chant à un visage qui perd sa beauté dans la fleur de la jeunesse. « Je comparerai le chant, dénué du rhythme, à des traits » réguliers, mais sans âme et sans expression. C'est surtout par ce moyen que la » musique excite les émotions qu'elle nous fait éprouver. Ici le musicien n'a pour » ainsi dire que le mérite du choix; tous les rhythmes ont des propriétés inhérentes » et distinctes. » (J. J. Barthélemy.)

J'avais besoin que ces nobles considérations fussent sans cesse présentes à mon esprit pour accroître mon courage et pourpersévérer dans la recherche d'une langue plus conforme à notre nature.

J'espère donc qu'après avoir fait bien des sacrifices pour coopérer, selon mes moyens, à l'œuvre de la création en mettant un élément de bonheur à la portée de tous les hommes, je n'aurai pas à lutter, comme mes rivaux des siècles passés, contre les jaloux, les ignorants et les obscurantistes.

INTRODUCTION.

Il faudrait être complètement dépourvu de bon sens, pour tenter une révolution dans les signes musicaux, si ceux qui sont pratiqués n'avaient pas des inconvénients graves. L'apparition, dans ce cas, de nouveaux signes n'ayant pour base que l'intérêt illusoire du réformateur, serait entravée par tous les musiciens de l'Europe qui se coaliseraient pour combattre une réforme, laquelle ne donnerait pas des résultats supérieurs à ceux qu'on obtient par la méthode ordinaire.

Je dirai même plus, c'est qu'il faut que la réforme simplifie étonnamment la musique, pour vouloir tenter des innovations dans ce genre. Dans la nouvelle musicographie, il faut au moins vingt fois moins de temps, pour devenir musicien, qu'il n'en faut avec le système usuel; en outre il n'y a point d'études nouvelles pour les personnes déjà musiciennes.

Les diverses tentatives de réforme qui ont été faites dans le XVIIIe siècle par des hommes sérieux, entre autres par J.-J. Rousseau, l'un des plus savants théoriciens de son époque, sont une preuve qu'il y a immensément à réformer dans l'écriture musicale usitée.

La musique, comme tous les arts et toutes les sciences, a ses époques remarquables. C'est en 1100 et 1400 qu'ont eu lieu les phases les plus importantes de la musique. Le milieu du XIXe siècle, époque où l'on comprend que la musique doit devenir universelle dans l'intérêt des peuples et des individus, sera, je crois, une troisième phase où la musique ne sera plus le privilége des hommes favorisés de la fortune, et où elle sera aussi répandue que la lecture française.

C'est dans le courant de l'année 1848 que j'ai posé les bases de la notation que je publie, qui sont : sept signes simples, contrastant par la forme et la couleur, les chiffres arabes, pour les durées musicales, et la portée tertiaire simple ou composée.

J'ai eu donc plusieurs années pour approfondir de nouveau la théorie de la musique et pour m'assurer si mes signes pouvaient exprimer tous les faits acquis à l'art, et tous ceux qui pourront naître du développement de la vaste science de la musique.

L'ouvrage que je publie est, par son objet, un des plus importants de l'enseignement public; les soins qu'il a exigés m'ont imposé des études bien pénibles.

On comprend facilement combien la matière qui constitue le domaine immense de la musique, a dû être étudiée par moi et quels soins j'ai dû apporter à appliquer les règles de la logique et de la didactique.

Pour faire naître la confiance dans l'esprit de mes lecteurs, je ferai remarquer que vingt ans de professorat ont dû me familiariser avec les questions pédagogiques ; que, pendant ces nombreuses années, j'ai dû porter sur tous les ouvrages qui se trouvent entre les mains des enfants, un jugement sévère ; cette série d'observations a été pour moi un flambeau qui m'a éclairé dans la recherche d'un système musical.

Les travaux essentiellement nouveaux que j'ai publiés sur l'enseignement des mathématiques élémentaires sont une preuve certaine de la tendance que j'ai d'étudier les obstacles généraux que rencontre la science pour arriver à l'intelligence des enfants. Depuis quatre ans j'enseigne non pas à des adultes, où la raison qui peut les dominer, me laisserait ignorer certaines difficultés sérieuses vaincues trop facilement par le bon vouloir qu'on a de 15 à 25 ans ; mais à des enfants de 7, 8, 9, 10 ans, où les difficultés les plus légères sont toujours, à leurs yeux, très-grandes.

J'ai eu donc le grand avantage d'expérimenter mon système avant de l'écrire.

Ce n'est pas tout, c'est que dans d'autres pensionnats, la notation usuelle m'était imposée rigoureusement par suite des exigences aveugles de quelques parents : j'ai eu donc le précieux avantage d'enseigner simultanément deux notations à la fois ; les comparaisons entre les deux méthodes étaient donc incessantes. On comprend très-bien que, dans une semblable situation, on puisse arriver à présenter un ensemble d'études musicales vraiment logiques, c'est-à-dire, conformes à l'intelligence humaine.

On se convaincra par là que j'ai voulu sortir du domaine étroit d'une théorie purement spéculative, pour me porter sur le terrain accidenté de la pratique.

Mes premiers essais m'ont donné la conviction que les enfants, avec des signes simples, comme ceux que je présente, s'attachent avec passion à l'étude du chant, que leur esprit, facilement éclairé sur la théorie, exerce sur les organes musicaux une influence très-favorable sur la mémoire des sons, et sur la pratique de la mesure.

En effet, des enfants de huit à neuf ans peuvent commencer, après trois ou quatre leçons, à solfier seuls des fragments mélodiques.

Je citerai à l'appui de ce qui précède plusieurs attestations qui m'ont été données dans l'intérêt de l'universalisation de la musique.

Je déclare que la méthode de M. Delcamp attache les élèves à la musique, vu qu'ils chantent des morceaux dès le début ; qu'avec une leçon d'une heure par semaine, ce professeur obtient des résultats plus remarquables qu'on n'en obtient ordinairement avec les méthodes usuelles, à trois leçons par semaine.

PITOLET,

Maître de pension à Paris.

Mes élèves se préparent à chanter, à ma distribution des prix, huit morceaux de chant qu'ils reproduisent déjà très-bien : un duo du programme a été appris par quatre élèves, sans le concours du professeur ni d'un instrument de musique. M. Delcamp ne donne dans ma pension qu'une leçon par semaine, depuis dix mois. Je crois donc sa méthode bien supérieure à celles qui sont généralement pratiquées.

MANSUY,

Maître de pension à Paris.

Nota. — M. LEGRAND, curé de Saint-Germain l'Auxerrois, présidant la distribution des prix de M. MANSUY, a été tellement frappé de la bonté de l'exécution des chants, qu'il n'a pu s'empêcher de dire à mes élèves, qu'il n'avait jamais connu de maîtrise où les enfants chantent avec autant de *précision*, de *justesse* et de *goût*.

Après avoir assisté aux leçons de chant données dans ma maison par M. Delcamp, je reconnais que ce professeur offre aux écoles des avantages précieux ; une méthode aussi facile qu'attrayante, et des morceaux bien choisis, et à un prix tellement minime que tous les élèves d'un cours peuvent s'en munir, ce qui sert autant à leurs progrès qu'à la propagation de l'enseignement de la musique vocale dans les écoles.

BORDET,

Maître de pension à Paris.

Je certifie que M. Delcamp est parvenu, dans dix leçons de trois quarts d'heure chacune, à faire apprendre à mes élèves, par la connaissance de la théorie musicale, cinq morceaux de chant, qu'elles reproduisent d'une manière très-satisfaisante : dans ce petit recueil il y a deux duos.

Mme JOLY,

Maîtresse de pension à Paris.

Nota. — 1° Dans les trois premières maisons, je ne donne qu'une leçon par semaine.

2° Mes cours, dans ces divers pensionnats, se composent d'enfants, très-jeunes, deux ou trois ont de 12 à 14 ans, et les autres 11, 10, 9, et 8 ans.

3° La méthode est tellement simple, que, malgré l'inexpérience de ces enfants, ils peuvent étudier des chants ordinaires, seuls ou groupés avec d'autres élèves.

Les adultes, dans 15 leçons d'une heure, pourront étudier seuls et reproduire exactement huit romances sur dix prises au hasard ; en prenant de 20 à 25 leçons, ils pourront très-bien apprendre seuls tous les airs majeurs et mineurs.

Ces conditions d'enseignement, quoique très-imposantes, ne suffisent cependant pas pour disposer les esprits à une grande confiance.

Le domaine de la musique est tellement grand qu'il est des musiciens *sérieux* qui n'en connaissent qu'une partie et ignorent complétement l'autre; il y a donc dans le monde musical le *chanteur*, l'*instrumentiste*, l'*harmoniste*, le *compositeur*, et le *musicien philosophe*, ou profond théoricien.

Le philosophe musicien, qui entreprend une révolution aussi sérieuse que celle qui consiste à substituer à un système lequel existe depuis le XIe siècle, une notation nouvelle, doit posséder les cinq titres énoncés plus haut; sans cette condition il s'expose à voir son système dédaigné à cause de quelques vices secrets qui le rendraient impropre à remplacer la notation usuelle.

Ainsi J.-J. Rousseau auteur, de la notation par chiffres, n'était pas instrumentiste; aussi le système qu'il a offert aux musiciens ne convient pas à l'instrument; d'un autre côté les faits d'harmonie s'expriment avec une certaine difficulté.

En combinant ma nouvelle théorie musicale, j'ai eu donc toujours présentes à mon esprit les exigences musicales du chanteur et de l'instrumentiste; les règles d'harmonie, que je connais par la pratique quotidienne du chant et de plusieurs instruments, devaient être aussi présentes à mon esprit. Les nombreuses compositions musicales que j'ai publiées annoncent assez que j'ai exploré en entier le vaste domaine de la musique: et aux yeux des méthodistes sérieux, c'est une condition essentielle pour trouver une notation rationnelle.

Mais, me dira-t-on, pourquoi n'avez-vous pas dirigé votre activité de réformateur en secondant les efforts des propagateurs de la méthode de J.-J. Rousseau, légèrement modifiée par Gallin? — Parce que cette notation, tout ingénieuse qu'elle est, ne remplit pas toutes les conditions qu'on doit retrouver dans une nouvelle écriture. Elle a été répudiée par l'inventeur lui-même, J.-J. Rousseau; elle est condamnée par les écrits même d'un de ses plus grands partisans, qui est M. Chevé, car il dit dans une brochure intitulée, *Coup de Grâce*, page 41 : « *Quant aux instruments à cordes ou à vent, qui donnent plusieurs sons à la fois,* » *violon, violoncelle, piano, orgue, harmonium, etc., le chiffre ne leur convient pas du tout;* » *il est absolument mauvais.* »

Mais, me dira-t-on encore, vous qui avez la prétention de dicter des lois aux grandes illustrations musicales, où sont les titres qui pourraient vous conférer un projet aussi audacieux? Avez-vous composé quelques opéras qui vous aient valu les applaudissements si flatteurs de la haute aristocratie? Ou avez-vous quelques titres constatant que vous faites partie de quelque académie savante? Avez-vous fait vos études au Conservatoire de musique? — Je ne répondrai à ces diverses questions qu'en citant le passage suivant relatif à quelques réformes astronomiques proposées par M. Foucault :

« Ignorer tout ce qui ne tient pas aux besoins physiques les plus impérieux, c'est jusqu'à présent le sort de la grande majorité du genre humain : connaître quelques faits, en ignorer le plus grand nombre, et avoir presque toujours des idées fausses sur tous les phénomènes que l'on connaît, voilà le sort du centième de l'humanité. Il y a enfin le peu qui reste, un millième peut-être, dont l'intelligence plus développée et les études plus complètes ont fait une caste spéciale, un ordre plus élevé dans la société, cette caste et cet ordre que l'on appelle des gens instruits, et qui peut être partagée à son tour en trois couches distinctes, les érudits, les savants, et les génies. L'homme qui, sans faculté créatrice et dépourvu de puissance inductive, passe toute sa vie à apprendre ce que les autres ont dit, écrit ou essayé, constitue l'érudit, miroir incolore, réfléchissant, avec plus ou moins de fidélité et de prefection, les objets extérieurs. Le savant, quelquefois érudit, joint à la faculté de se rappeler et d'observer celle de combiner ses souvenirs et ses observations, de les grouper en syllogismes, d'en tirer des conséquences et de composer un tout avec des faits et des idées auparavant séparées et sans liaison apparente. Puis au-dessus de l'érudit et du savant plane un fort petit nombre d'esprits qui apprennent on ne sait où, qui savent sans avoir appris, qui tirent des conséquences de ce que les autres avaient regardé comme stérile, qui devancent leur époque et qui lui donnent le souffle de la vie, qui rencontrent le ridicule ou le mépris, quand leur âme est trop élevée pour que les autres en entendent le langage, mais qui parviennent souvent à se faire écouter, à se faire comprendre, et à laisser sur leur passage une empreinte glorieuse, que les générations suivantes envient à leur siècle. Ces génies, car c'est ainsi qu'on appelle les esprits créateurs, n'ont pas toujours la conscience de leur force, ils poussent en avant l'humanité comme le vent pousse le navire ; que l'homme résiste ou qu'il cède, le vent n'en poursuit pas moins son voyage, qui n'a commencé nulle part et dont le terme se cache dans la profondeur de l'infini. Le génie est la pierre philosophale de l'intelligence. Tout ce qu'il touche devient or, au grand étonnement des hommes dont l'esprit s'était évertué inutilement pendant des siècles autour du fourneau mystique sans pouvoir en tirer la moindre parcelle de métal précieux. Ce qui fait qu'il y a des singeurs de génie, comme il y avait des alchimistes de tréteaux, et plus souvent, c'est l'escamoteur qui triomphe, et le véritable génie qui succombe : témoin, Vasco de Gama et Christophe Colomb, pour ne pas fouiller dans la triste histoire des jongleurs et des martyrs modernes, où les exemples ne manqueraient pas à l'appui. »

« Maintenant, dites-moi dans quelle classe d'hommes inscririez-vous le nom d'un esprit observateur, qui, n'appartenant à aucune école, n'ayant pas de diplôme sur parchemin, ni de titres académiques, mais fort de toute la vigueur d'une intelligence instinctive, aurait su faire jaillir un nouveau principe de cet ensemble de lois que la vieille mécanique et l'analyse avaient retourné en tous sens et dont personne ne croyait avoir plus rien à tirer ?» (Govi, 1853, *Illustration*).

Mais, dira-t-on encore, si votre système est si important que vous le dites, pourquoi ne proposez-vous pas un concours où vos élèves seraient entendus et votre méthode jugée ?

Dans un pays comme le nôtre, où les savants se comptent par milliers, je croirais commettre une grande faute et tendre un guet-apens à la bonne foi du public que d'abandonner aux chances capricieuses d'un concours, toujours incomplet, l'examen d'un travail aussi sérieux et aussi compliqué que celui d'une notation musicale, lequel regarde plus l'intelligence que les sens.

Mais voici la lutte que j'accepterais avec plaisir, si un partisan du système usuel était assez simple pour me la proposer : réunir une quarantaine d'enfants, n'ayant aucune notion de musique ; en donner vingt à chaque professeur ; leur donner dix ou quinze heures de leçon, puis leur faire subir, en présence du public, un examen sur la théorie et leur faire solfier des chants dans les 17 gammes et dans les six espèces de mesures ; voilà le concours que j'accepterai de n'importe quel réformateur.

Mon antagoniste aurait évidemment le dessous pour la partie rhythmique, puisqu'il est impossible de donner des signes qui ne soient pas toujours de beaucoup inférieurs à ceux que j'emploie et qui n'exigent pas, contrairement aux chiffres arabes, un travail long et fatigant de mémoire.

Quant aux sons, j'ai pris les figures les plus belles, les plus complètes de la géométrie, celles qui contrastent le plus entre elles ; pour la partie phonique, j'aurais encore, j'en suis sûr, la supériorité.

Il est des systèmes dont la philosophie n'est pas accessible à toutes les intelligences : une notation musicale est dans ce cas ; et cependant dans les questions qui intéressent tout le monde, dans celles surtout où l'on veut détruire ce qui est adopté depuis plusieurs siècles, chacun veut s'établir juge.

Les personnes qui pourraient le mieux seconder une révolution musicale, sont les musiciens. Mais malheureusement, soit qu'ils se figurent qu'on va leur imposer de nouvelles études, soit pour d'autres raisons qui se dissiperaient bien vite avec quelques explications, je crains de rencontrer pendant quelque temps une opposition qui pourrait encore retarder l'universalisation de la musique.

Les instrumentistes non-chanteurs, et les chanteurs instrumentistes surtout, s'opposeront à toute réforme. En effet, la diversité des séries monosyllabiques n'est pour eux qu'une difficulté théorique, puisque les instruments donnent tous les sons par un moyen mécanique ; ils ont donc recours, soit par paresse, soit par ignorance ou inaptitude, à un traducteur complaisant : comme un négociant peu instruit ou très-pressé, qui a recours à certains comptes tout faits, au lieu de mettre à contribution ses lumières ou sa mémoire. Mais ceux qui incontestablement accepteront franchement nos théories, ce sont les chanteurs non instrumentistes, qui sont, il est vrai, en bien petit nombre, car je ne pense pas qu'en France il y ait mille musiciens dans cette catégorie, c'est-à-dire des chanteurs qui puissent déchiffrer promptement, et sans le secours d'un instrument, un chant majeur ou mineur quelconque.

Les personnes qui pourraient sainement juger une nouvelle théorie sont celles qui ont appris ou qui apprennent la musique par les signes usuels, en luttant sans l'aide d'un instrument contre les difficultés innombrables qui dérivent de l'écriture usitée.

En général, celles qui voudront apprécier la haute importance de l'écriture nouvelle, sont priées d'étudier un peu les règles de la méthode usitée, ainsi que celle qui m'occupe, puis, de comparer.

Ce que je viens de dire, préservera les musiciens, je l'espère, de juger trop légèrement mon système.

Pour mieux faire comprendre la nature de la réforme que je propose et les résultats qui peuvent en être la conséquence, je parlerai d'une réforme linguistique.

Les difficultés grammaticales, qui sont très-grandes aux yeux de tout le monde, ne tiennent qu'à des lois conventionnelles qui existent aujourd'hui et que demain on pourrait détruire. Qu'on établisse pour règle fondamentale que les mots s'écrivent comme ils se prononcent et une révolution linguistique est opérée. Le privilége, pour les oisifs, de la connaissance de l'orthographe serait par ce fait détruit, et tous les habitants de la France auraient un titre de plus pour mériter le nom de Français : c'est celui de connaître la langue nationale.

De même les difficultés musicales dérivent principalement des signes : substituez à des signes illogiques une écriture rationnelle, et une révolution musicale est assurée.

Dans le rapprochement que je viens de faire, il faut remarquer que la réforme grammaticale est basée sur une règle à établir et que celle de la musique a pour base une écriture musicographique.

L'étude de l'orthographe d'usage serait incontestablement à la portée des intelligences les moins actives, par l'adoption de la règle que j'ai citée; eh bien! l'étude de la musique, par l'adoption de mon système, serait proportionnellement plus simplifiée.

La pratique de la musique étant un élément de bonheur que les moralistes les plus sévères ne peuvent pas mettre en doute, tôt ou tard une révolution dans les signes musicaux aura lieu, vu que la complication de l'alphabet usité prive presque tous les hommes de jouir des charmes de la mélodie; car il est dans les vues de Dieu que tout ce qu'il a fait pour le bonheur de ses créatures soit à leur portée. Si on examine tout ce qui peut être un sujet de plaisir dans l'œuvre de la création, on verra que ce principe est toujours pratiqué, sauf cependant les cas où l'homme, par ignorance ou par toute autre raison, y porte obstacle. Voyez les poissons qui viennent à la surfacedes eaux pour se mettre à la disposition de l'homme, au lieu d'habiter les creux des rochers cachés au fond des mers.

Que diriez-vous si les fruits, que la nature nous donne avec une main si généreuse, ne pouvaient se cueillir que sur des rochers inaccessibles? ou si leur forme n'était pas proportionnée à nos mains et leur saveur aux organes du goût? ou si leur couleur, que nos yeux contemplent avec admiration, rebutait nos regards? Vous diriez que ces productions ne sont pas un élément de bonheur appréciable par nos sens.

Je ne puis confondre les mots *système* et *méthode;* le premier éveille l'idée de génie, et le second, celles de jugement et d'expérience. Cependant, dans le langage ordinaire, le mot méthode signifie système.

Dans une œuvre aussi vaste il est clair que quelques étincelles de génie ne suffisent pas pour faire un tout aussi parfait qu'on peut l'espérer; il fallait y apporter les qualités précieuses de bon méthodiste. Ici l'habitude de l'enseignement, un jugement exercé, la connaissance des exigences particulières des maisons d'éducation et celle du degré d'attention dont les enfants sont susceptibles, sont les dispositions où doivent se trouver les bons méthodistes. L'avenir me prouvera, si, comme système et comme méthode, j'ai traité convenablement mon sujet.

Voici ce qui constitue mon système.

J'ai adopté :

1. La portée tertiaire, affectée, selon les besoins du compositeur, d'une ou plusieurs lignes supplémentaires.

2. Sept nombres octavals, annonçant la gamme du diagramme exprimée par la portée.

3. Les sept premiers signes de position de la notation usuelle donnés par les trois premières lignes de la portée quintenaire armée de la clef de *sol*, nécessaires à l'instrumentiste.

4. Sept figures primordiales, pour exprimer les sept sons générateurs, modifiées pour représenter les dièses et les bémols accidentels.

5. Trois signes dérivés pour former la gamme mineure, en conservant conséquemment les éléments communs aux deux genres de gammes.

6. Les chiffres arabes pour exprimer les durées des sons et des silences; affectés dans certains cas du signe + (plus) ou du signe × (multiplié par).

7. J'ai supprimé les mots étrangers à la langue française.

8. J'ai créé un nouveau métronome, basé sur le mètre et que j'appelle *chronophone*, et dont le prix ne dépassera pas un franc.

9. J'ai adopté une classification nouvelle pour la mesure : deux genres et trois espèces, dans chacun, en tout, six espèces.

10. J'ai créé une langue rythmique, naturelle, ne demandant dans son application aucune étude nouvelle.

Voici ce que constitue la méthode :

1. Grand tableau ayant une disposition particulière et propre à faciliter les leçons dans des cours de 50 à 1,000 élèves, les modulations, l'émission du son, la connaissance de la théorie de la musique, etc.

2. Chœurs rhythmiques pour exercer d'une manière très-efficace à la musique d'ensemble.

3. Exercices antimélodiques pour arriver promptement à posséder l'art de l'intonation.

4. Reproduction de toutes les difficultés rhythmiques et phoniques du solfége du conservatoire de Paris, du solfége d'Italie, de celui de Rodolphe, etc., dans quelques pages.

5. Solmisation, vocalisation et chant donnés par les mêmes mélodies, en écrivant sous les figures des voyelles, et au-dessous des voyelles des syllabes.

6. Intonation de tous les sons intermédiaires attaqués d'un point quelconque de la gamme.

7. Exercices presque permanents sur les modulations prolongées et passagères.

8. Changements dans la présentation de l'ensemble des faits musicaux, et dans leurs définitions.

9. Création du diagramme général sur un plan propre à jeter une vive lumière sur le vaste domaine de la musique.

10. Tableau rhythmique renfermant dans un espace très-restreint, et par la mobilité de quelques cordons, toutes les difficultés de la mesure.

11. Enfin le système et la méthode sont tels qu'il n'y a plus de travail de mémoire à exiger des élèves, par suite d'un enchaînement des faits réellement nouveau.

J'ai suivi, sans m'en douter, la règle donné par Helvétius : « La mémoire dépend..... » de l'ordre dans lequel on range ses idées. C'est à cet ordre qu'on doit tous les prodiges » de mémoire, et cet ordre consiste à lier ensemble toutes ses idées, à ne charger par » conséquent sa mémoire, que d'objets qui, par leur nature ou la manière dont on les » considère, conservent entre eux assez de rapport pour se rappeler l'un l'autre. » (Pages 211-1776.)

Les commissions qui auront à juger mon système, seront donc forcées d'abord de s'occuper presque exclusivement du système proprement dit qui peut être très-logique, indépendamment de tout ce qui constitue la méthode : car tous les solféges et toutes les vocalises de l'Europe, ainsi que tous les chants qui constituent la pratique de l'enseignement de la musique, sont à la disposition de tout auteur de notation musicale, après avoir acheté les recueils ou avoir obtenu la permission de les écrire avec une nouvelle langue, s'ils ne sont pas dans le domaine public.

Pour l'harmonie, par exemple, je puis dans quinze jours publier l'excellent traité d'harmonie de Catel, de, etc., etc., etc., en les traduisant selon mes signes.

Les exercices de solfége et les neuf volumes pratiques constituant la méthode Willhem, pourraient être réimprimés dans quelques mois selon la nouvelle écriture. Il pourrait en être de même des méthodes pour les instruments.

On doit comprendre par là que l'enseignement du chant serait pris au point de perfection où il se trouve.

PLAN DE L'OUVRAGE.

Le Traité de musique que je publie sera divisé en cinq parties.

PREMIÈRE PARTIE.

Théorie générale de la musique.

1. Théorie du son et du rhythme.

Ce chapitre ne contiendra que les faits que le professeur doit confier à la mémoire de ses élèves, ni plus, ni moins : ici, point de discussion scientifique.

Cependant, pour satisfaire la juste curiosité des philosophes et pour prévenir un faux jugement sur mon système, je prie le lecteur de lire la page 65 et les suivantes où je prouve la logicité des faits nouveaux les plus remarquables.

2. Solfége.

DEUXIÈME PARTIE.

Philosophie de la nouvelle notation.

TROISIÈME PARTIE.

Utilité de la musique.

QUATRIÈME PARTIE.

Considérations générales sur les réformes musicales.

CINQUIÈME PARTIE.

Fragments mélodiques écrits parallèlement selon trois notations.

TABLE DES MATIÈRES

SOUS LA FORME D'UN TABLEAU SYNOPTIQUE.

Pages.

PREMIÈRE PARTIE.

CHAPITRE PREMIER.

THÉORIE DU SON ET DU RHYTHME.

DU SON.

DU RHYTHME.

Faits musicaux relatifs au son et au rhythme.

CHAPITRE DEUXIÈME.

CHOEURS RHYTHMIQUES.

DEUXIÈME PARTIE.

ELLE A POUR TITRE, *Philosophie de la nouvelle notation.* ELLE INTÉRESSE PLUS PARTICULIÈREMENT LES MUSICIENS, ET LES PARTISANS DE L'ÉMANCIPATION INTELLECTUELLE ; LES ÉLÈVES NOUVEAUX CEPENDANT, POURRONT Y RECUEILLIR QUELQUES IDÉES QUI EXERCERONT UNE HEUREUSE INFLUENCE SUR LEURS ÉTUDES MUSICALES, ET SUR LA PROPAGATION DES NOUVEAUX CARACTÈRES.

CHAPITRE PREMIER.

SON.

CHAPITRE DEUXIÈME.

RHYTHME.

CHAPITRE TROISIÈME.

APPRÉCIATION DE QUELQUES MOYENS GÉNÉRAUX.

TROISIÈME PARTIE.

DE L'UTILITÉ DE LA MUSIQUE.

QUATRIÈME PARTIE.

CONSIDÉRATIONS GÉNÉRALES SUR LES RÉFORMES MUSICALES.

CHAPITRE PREMIER.

CHAPITRE DEUXIÈME.

CHAPITRE TROISIÈME.

CHAPITRE QUATRIÈME.

CHAPITRE CINQUIÈME.

CHAPITRE SIXIÈME.

CINQUIÈME PARTIE.

PREMIÈRE PARTIE.

THÉORIE GÉNÉRALE DE LA MUSIQUE.

CHAPITRE PREMIER.

THÉORIE DU SON ET DU RHYTHME.

La musique est l'art de reproduire après ou sans une étude préalable, par la voix ou un instrument de musique, tous les airs, et de les écrire par les signes reçus, s'ils existent seulement dans la mémoire.

Le but de la musique est d'émouvoir l'âme : on y arrive par un choix judicieux de sons et de rhythmes.

La science musicale se divise en quatre parties : la composition mélodique, l'harmonie, la musique vocale et la musique instrumentale.

La composition mélodique est l'art de faire des mélodies de manière à émouvoir l'âme et à flatter le système nerveux par une savante combinaison de sons et de rhythmes.

L'harmonie est l'art de combiner des sons qui, entendus simultanément, flattent notre oreille, et dont la combinaison conséquemment doit être basée sur les règles de cette science. Le mot composition se dit aussi de la mélodie et de l'harmonie. Le compositeur est donc celui qui connaît ces deux sciences.

La musique vocale est l'art de reproduire les airs par la voix.

La musique instrumentale est l'art de reproduire les airs avec un instrument de musique.

Nota. La mélodie, l'harmonie et la musique instrumentale étant l'objet d'ouvrages spéciaux, je n'en parlerai pas dans ce traité. Cependant il y aura un chapitre spécial intitulé : *des signes phoniques par rapport aux instruments.*

Les deux faits qui constituent la musique et auxquels tous les autres se rattachent respectivement, sont :

Le son, fait appartenant à la physique ;

Le rhythme, fait appartenant à l'arithmétique.

La musique vocale, ou la musique en général, se divise donc en deux paragraphes : le son et le rhythme.

DU SON (1).

I. *Du son en général.*

Le son, bien différent du bruit, est le produit de la voix, ou d'un instrument de musique, ou de tout autre corps sonore dont le rapport avec d'autres sons peut être facilement déterminé.

L'homme qui a l'organe auditif et vocal dans un état normal, et non dans un état d'infirmité, produit naturellement et sans efforts une série de sept sons générateurs suivis d'un huitième, et de dix sons intermédiaires, en tout dix-sept sons primordiaux.

Il y a donc deux espèces de sons : les sons générateurs et les sons intermédiaires.

Les sons générateurs, au nombre de sept, existent indépendamment des sons intermédiaires. Ils sont appelés générateurs parce qu'ils donnent naissance aux dix sons intermédiaires : c'est avec ces éléments qu'on forme l'air type, qu'on appelle gamme, le fait le plus important de la musique.

II. *De la gamme ou des sons générateurs.*

La gamme, qui est un fait complexe, se compose d'une série de huit sons : tous les hommes la reproduisent facilement. Chacun d'eux a des propriétés particulières que les compositeurs et les professeurs surtout, doivent bien connaître; elles existent toujours et sont respectivement les mêmes, quelle que soit l'acuité ou la gravité du premier son qui est la base, le fondement des sept autres, et dont l'existence a toujours lieu réellement ou mentalement. Le huitième en montant a les mêmes propriétés que le premier : il est le dernier de la première gamme et le premier d'une gamme supérieure. Le nombre de vibrations qui le produit est double de celui qu'il faut pour donner le premier, et les sons succes-

---

(1) Voici, pour l'élève qui ne veut connaître absolument que la pratique de la nouvelle musicographie, les deux règles fondamentales dont l'une se rapporte à la reproduction du son, et l'autre, à l'observation du rhythme. Tout le reste peut être considéré, à la rigueur, comme une étude purement spéculative. Elles sont une preuve incontestable de la supériorité de mes signes sur tous ceux qui sont connus.

RÈGLE PHONIQUE.

Pour solfier une mélodie écrite selon le nouveau système, il suffit de savoir reproduire vocalement :

1. les SONS NATURELS exprimés par les figures suivantes :

Le carré ■ q. a. DO; Le losange ◇ q. a. RÉ; Le cercle ● q. a. MI; Le demi-cercle ◒ q. a. FA; La circonférence ⊙ q. a. SOL; L'ovale ○ q. a. LA; Le triangle ▲ q. a. SI;

2. les DIÈSES ACCIDENTELS, exprimés par les figures primordiales affectées d'une ligne placée à droite et se dirigeant vers le haut, et dont le nom se compose de l'initiale du monosyllabe gammique suivie d'un I;

3. les BÉMOLS ACCIDENTELS, exprimés par les figures primordiales affectées d'une ligne placée à gauche et se dirigeant vers le bas et dont le nom se compose de l'initiale du monosyllabe gammique suivie d'un E muet.

Nota. — 1. Dans les modulations il faut instantanément s'habituer par la pensée avec les éléments de la gamme nouvelle. 2. La durée des sons d'agrément représentés par des petites figures est prise sur la durée du son générateur voisin. 3. Les mots exprimant des nuances phoniques ou les nuances d'expression sont trop connus pour qu'il soit inutile de les définir.

RÈGLE RHYTHMIQUE.

La durée d'un son est exprimée par le nombre dont il est affecté, et la durée d'un silence par un nombre barré.

Nota. — 1. Les mots qui expriment des modifications du mouvement primitif sont si connus qu'il est inutile de les définir.

2. Les lettres, q. a. signifient qu'on appelle.

sifs au-dessus du huitième, qui forment une seconde gamme, sont produits chacun par un nombre de vibrations proportionnel à celui des sons correspondants de la première gamme. De là il faut conclure que toutes les gammes du même genre, sont semblables quoique inégales : comme plusieurs triangles de même espèce qui portent le même nom sont semblables, quoique inégaux, puisqu'ils conservent les mêmes propriétés quelle que soit l'inégalité de leurs côtés.

Les sept premiers sons de la gamme sont exprimés par sept figures simples, originales, contrastant entre elles, et dont la forme rappelle quelque propriété du son dont elle est le signe.

NOMS QU'ON DONNE AUX ÉLÉMENTS DE LA GAMME.

Pour des raisons prises dans le vaste domaine de la science musicale, les huit sons de la gamme ont quatre espèces de noms.

1. *Noms gammiques* (1).

Le 8ᵉ » huitième.
Le 7ᵉ » septa.
Le 6ᵉ » sixta.
Le 5ᵉ » quinta.
Le 4ᵉ » quarta.
Le 3ᵉ » tierça.
Le 2ᵉ » seconda.
Le 1ᵉʳ s'appelle prima (2).

2. *Noms mnémoniques*.

Le 8ᵉ » do.
Le 7ᵉ » si.
Le 6ᵉ » la.
Le 5ᵉ » bol (3).
Le 4ᵉ » fa.
Le 3ᵉ » mi.
Le 2ᵉ » rè.
Le 1ᵉʳ s'appelle do.

Nota. Par métonymie on donne le nom de gamme à la série monosyllabique, *do, rè, mi, fa, bol, la, si, do* ; de là on dit, système polygammique, ou monogammique.

Le monosyllabe le plus naturel qui peut servir dans l'émission du son, est incontestablement la voyelle *a* ; mais comme moyen mnémonique l'emploi des mots do, rè, mi, fa, bol, la, si, est bien préférable pour les commençants ; parce que la différence de la disposition

---

(1) J'emploie l'intuition pour certains faits, jusqu'à modifier la disposition typographique : il faudra donc lire souvent de bas en haut.

(2) Ces mots correspondent respectivement à tonique, sous-médiante, médiante, sous-dominante, dominante, sus-dominante, et sensible, usités dans les méthodes ordinaires. Ils demandent un travail de mémoire, tandis que les nouveaux ne demandent aucun effort pour les retenir.

(3) *Bol* est préféré à *sol*, parce qu'on met dans l'emploi si fréquent des noms mnémoniques une articulation de plus, en supprimant une *s* qui se trouve déjà dans *si* ; parce qu'on évite deux exceptions à deux règles générales relatives aux noms des sons intermédiaires (*Voyez* les sons intermédiaires).

des organes vocaux pour la prononciation de chaque nom gammique aide beaucoup à saisir la différence qui existe entre chaque son.

Un air peut donc être reproduit de quatre manières : par la solmisation, par la vocalisation, par les paroles et par un instrument.

La *solmisation* consiste à reproduire un air en donnant à chaque son le nom mnémonique qui l'exprime : le verbe *solfier* exprime cette action.

La *vocalisation* consiste à reproduire un air en donnant à chaque son le nom de la voyelle *a*, *é*, *i*, *o*, *u*, *ou* ; dans ce cas, on choisit de préférence l'*a* ; le verbe vocaliser exprime cette action.

Le *chant* consiste à reproduire un air en nommant chaque syllabe des mots qui répondent aux sons : le verbe *chanter* exprime cette action. Chanter est le moyen le plus difficile de reproduire un air, aussi, généralement, doit-on *solfier* d'abord, puis *vocaliser*, avant de *chanter*.

L'*exécution* consiste à reproduire un air en agissant par un moteur quelconque sur la partie d'un instrument répondant respectivement à chaque son de l'air : le verbe *exécuter* exprime cette action.

3. *Noms numériques.*

Le 8ᵉ	»	8ᵉ degré.
Le 7ᵉ	»	7ᵉ degré.
Le 6ᵉ	»	6ᵉ degré.
Le 5ᵉ	»	5ᵉ degré.
Le 4ᵉ	»	4ᵉ degré.
Le 3ᵉ	»	3ᵉ degré.
Le 2ᵉ	»	2ᵉ degré.
Le 1ᵉʳ	s'appelle	1ᵉʳ degré.

Comme mi fa et si do sont très-rapprochés, comparativement aux autres sons, on dit monter ou descendre d'un degré, d'un demi-degré, de deux degrés, de deux degrés et demi, etc.

En général, le mot degré se dit plus particulièrement des signes de position de la portée.

4. *Noms harmoniques.*

L'harmonie étant cette partie de l'art musical où l'on traite des règles qui régissent la reproduction simultanée de sons différents, cet art doit donner des noms particuliers à chaque son comparé à un son quelconque qu'on pourrait choisir comme la base d'une nouvelle gamme ou d'un nouvel accord et qui porte alors le nom de prima-passager ou fondamental. Le son immédiatement supérieur ou inférieur s'appelle *second ;* le 3ᵉ au-dessus ou au-dessous, *troisième*, ainsi de suite jusqu'au 9ᵉ, 10ᵉ, 11ᵉ, 12ᵉ, etc.

Le nom harmonique varie beaucoup; la figure n'influe nullement sur cette variation; c'est son rapport numérique avec un son pris arbitrairement pour point de départ ou de comparaison qui en détermine le nom.

III. *Des intervalles* (1).

Le son étant le produit d'un nombre de vibrations, nombre qu'il importe peu de connaître, le son plus aigu qu'un autre est donc produit par un nombre plus grand de vibrations ; le son plus grave est donc produit par un nombre plus petit de vibrations. De la comparaison d'un son à un son plus aigu ou plus grave naît l'intervalle. Une échelle ordinaire est l'image d'une série de sons successifs : les barreaux rappellent les sons et la distance d'un barreau à un autre rappelle l'intervalle.

Dans une échelle ordinaire les barreaux sont à des distances égales ; mais la gamme ne présente pas cette régularité monotone comme on le verra bientôt.

L'intervalle est donc la différence qui existe entre deux sons produits par des nombres différents de vibrations, en d'autres termes, c'est la différence qui existe entre les deux nombres de vibrations produites par chacun des deux sons. Le mot intervalle signifie encore, la distance d'un son à un autre.

On peut déduire de cette définition que les intervalles sont innombrables ; cependant les musiciens en ont déterminé plusieurs genres, dont les principaux sont :

L'intervalle de second.
L'intervalle de troisième.
L'intervalle de quatrième.
L'intervalle de cinquième.
L'intervalle de sixième.
L'intervalle de septième.
L'intervalle de huitième.
L'intervalle de 9e, 10e, 11e, 12e, etc.

Ces genres d'intervalles se subdivisent généralement en quatre espèces, qui sont exprimées par les mots, *mineurs*, *majeurs*, *diminués* et *augmentés* (2).

Dans la série des huit sons qui constitue la gamme majeure, il y a les petits intervalles et les grands intervalles : c'est à cette variété qu'on doit une des causes principales de la puissance de la mélodie, et surtout de l'harmonie.

Le petit intervalle d'une gamme est celui dont les deux sons qui le limitent sont produits par des vibrations dont la différence est plus petite à peu près de la moitié de celles qui produisent les sons qui limitent le grand intervalle. La voix reproduit très-aisément ces deux sons.

Il y a deux petits intervalles dans la gamme majeure :

Le 1er se trouve du tierça au quarta, c'est-à-dire du *mi* au *fa* : il s'appelle quartal.

---

(1) Le mot *ton* ayant dans le système usuel quatre ou cinq significations, en outre étant usité en dehors même de la musique, je l'ai complétement banni de mes théories ; je dis : chanter dans telle ou telle gamme, etc.

(2) Je ne donne pas, dans ce petit abrégé, des détails sur ces intervalles qui intéressent plus le compositeur que le chanteur, intervalles qui se trouvent :

du prima au seconda,
du seconda au tierça,
du tierça au quarta,
du quarta au quinta,
du quinta au sixta,
du sixta au septa,
et du septa au prima huitième.

Les deux dernières espèces sont données par les sons intermédiaires.

Le 2e, du septa au huitième, c'est-à-dire du *si* au *do* : il s'appelle septal.

Le grand intervalle d'une gamme est celui dont les deux sons qui les limitent, sont produits chacun par un nombre de vibrations, dont la différence est plus grande que dans ceux qui produisent les sons du petit intervalle : la voix les produit plus péniblement que ceux qui se rapportent au petit intervalle.

Il y a cinq grands intervalles.

Le 5e du sixta au septa ou du la au si.
Le 4e du quinta au sixta ou du bol au la.
Le 3e du quarta au quinta ou du fa au bol.
Le 2e du seconda au tierça ou du rè au mi.
Le 1er se trouve du prima au seconda ou du do au rè.

Voici, comme récapitulation, le tableau de ces intervalles.

Du si au do, petit intervalle.
Du la au si, grand intervalle.
Du bol au la, grand intervalle.
Du fa au bol, grand intervalle.
Du mi au fa, petit intervalle.
Du rè au mi, grand intervalle.
Du do au rè, grand intervalle.

IV. *Des dix sons intermédiaires.*

Les sons intermédiaires, appelés aussi accidentels, sont ceux qui sont placés dans les grands intervalles ; ils doivent leur existence à une position accidentelle de l'âme qui, pour donner plus de force à la mélodie, bannit de la gamme des sons générateurs pour les remplacer par des sons différents, lesquels appartiennent à une gamme nouvelle dont les éléments dans un air sont plus ou moins nombreux. L'existence des sons accidentels augmente les petits intervalles de la gamme.

La gamme, ai-je dit, renferme cinq grands intervalles ; chacun d'eux peut recevoir deux sons intermédiaires, l'un très-rapproché du son aigu et l'autre du son grave, ce qui donne deux espèces de sons intermédiaires, dont les uns s'appellent dièses et les autres bémols.

DES DIÈSES.

Le dièse est un son intermédiaire étroitement lié au son successif aigu, réel ou fictif, avec lequel il a des rapports de proximité et de tendance et duquel il est séparé par un petit intervalle : la voix qui le reproduit a généralement une grande tendance à faire le son *aigu*. Le dièse est exprimé par la figure représentant le son générateur qu'il remplace, qu'on modifie en ajoutant à droite une ligne perpendiculaire se dirigeant de *bas en haut*. Son nom mnémonique est donc celui du son remplacé qu'on modifie en mettant après l'initiale un i. Les dièses sont au nombre de cinq, qui sont, *di*, *ri*, *fi*, *bi*, *li*, mots dérivés respectivement de *do*, *rè*, *fa*, *bol*, *la*.

DES BÉMOLS.

Le bémol exprime un son intermédiaire étroitement lié au son successif grave, réel ou fictif, avec lequel il a des rapports de proximité et de tendance, et duquel il est séparé par un petit intervalle. La voix qui le reproduit a une tendance prononcée à faire le son *grave*. Le bémol est exprimé par la figure représentant le son qu'il remplace; qu'on modifie en ajoutant à *gauche*, une petite ligne droite perpendiculaire se dirigeant de *haut en bas*. Son nom mnémonique est donc celui du son générateur qu'il remplace, qu'on modifie en mettant après l'initiale un *e muet*. Il y a cinq espèces de bémols, qui sont *re*, *me*, *be*, *le*, *se*, dérivés de *ré*, *mi*, *bol*, *la*, *si*.

Tableau des Dièses et des Bémols.

Nota. 1. L'éloignement perpendiculaire du mot dérivé à un mot générateur est en rapport, à peu de chose près, avec le degré de proximité des deux sons qu'ils expriment.

2. Le son générateur le plus rapproché du son accidentel est attractif de celui-ci.

	DO	
	SI	
		LI
SE		
	LA	
		BI
LE		
	BOL	
		FI
BE		
	FA	
	MI	
		RI
ME		
	RÉ	
		DI
RE		
	DO	

V. *De la gamme majeure et de la mineure* (1).

Les gammes, considérées relativement à la place où se trouvent les petits intervalles, se divisent en deux genres : *la gamme majeure* et la *gamme mineure*.

La gamme mineure est une série de huit sons, renfermant, comme la gamme majeure, cinq grands intervalles et deux petits, qui se trouvent du seconda au tierça, lequel s'appelle tertial, et l'autre, du quinta au sixta, lequel s'appelle quintal. Cette gamme a souvent un dièse qui remplace le septa, lequel se fait très-facilement, surtout en montant, tandis qu'en descendant, généralement il disparaît.

(1) Je bannis de la nouvelle théorie le mot *mode* qui ne sert qu'à augmenter la liste des mots de luxe. On dit chanter, jouer en majeur ou en mineur; la gamme majeure, la gamme mineure.

Cette gamme est identique au fragment de la gamme majeure, *la, si, do, ré, mi, fa, bol, la;* donc en le reproduisant on fait la gamme mineure.

Elle est appelée mineure parce que l'intervalle du prima au tierça est plus petit que dans la gamme majeure; donc le mot majeur en musique signifie *plus petit*.

On dit chanter, jouer, en majeur, en mineur, c'est-à-dire, reproduire un air composé des éléments d'une gamme majeure ou d'une gamme mineure. Tout ce qui a été dit jusqu'ici relativement à la gamme, se rapporte plus particulièrement à la gamme majeure.

Tableau de la gamme mineure avec les dix sons accidentels auxquels elle donne naissance, et des dix-sept noms mnémoniques.

Rapports entre la gamme majeure et la mineure.

Si l'on compare la gamme majeure à la mineure, on trouve qu'elles ont :

1. le même nombre de sons;
2. deux petits intervalles;
3. cinq grands intervalles;
4. cinq dièses entre les grands intervalles,
5. cinq bémols entre les grands intervalles;
6. les mêmes noms gammiques, prima, seconda; etc.
7. les mêmes noms mnémoniques *do, ré,* etc., excepté le *tierça*, le *sixta* et le *septa* qui portent, dans la solmisation, les noms de *mou, lou* et *sou*, dérivés de mi, la et si, de la gamme majeure.
8. En outre de ce qui précède, on trouve que les noms mnémoniques des cinq dièses sont terminés par un *i*.
9. Les noms mnémoniques des cinq bémols sont terminés par un *e* muet.
10. La plupart des accords résultants des éléments de la gamme mineure portent respectivement le même nom que ceux de la gamme majeure et produisent relativement des effets semblables.

11. La plupart des modulations prolongées et passagères de la gamme mineure correspondent exactement et respectivement aux modulations de la gamme majeure.

Nota. — Tous ces nombreux rapports constatent la logicité de la série *do, rê, mou, fa, bol, lou, sou, do,* pratiquée pour la solmisation de toutes les gammes mineures.

VI. *Des 17 espèces de gammes majeures et des 17 mineures.*

Le prima étant déterminé par un nombre quelconque de vibrations, tous les autres sons, comme il a été déjà dit, sont produits chacun par un nombre de vibrations conservant constamment avec le prima le même rapport ; ainsi, si le prima monte de 1, 2, 3, etc., degrés, ou demi-degrés, le seconda monte de 1, 2, 3, etc., degrés ; il en est de même du tierça, du quarta, du quinta, du sixta, du septa et du huitième. Si le premier son de l'air *Au clair de la lune*, qui est précisément le prima de la gamme dont cet air est formé, était produit successivement par cent nombres différents de vibrations, on aurait toujours le même air. De là on doit conclure qu'il y a dans la nature autant de gammes que de primas : elles sont aussi nombreuses que les feuilles qui ornent nos arbres, que les nuances de couleurs.

Mais la musique se compose aussi d'instruments dont les sons sont fixes, c'est-à-dire que le nombre des vibrations qui les reproduisent sont toujours les mêmes, au moins au point de vue de la théorie, et surtout si l'instrument est bien accordé au diapason.

On doit donc distinguer parmi ces milliers de gammes, celles qui sont données par les instruments les plus connus et conséquemment celles auxquelles les voix doivent s'habituer.

Il existe, ai-je dit, dix-sept sons primordiaux, qui sont exprimés par sept monosyllabes primordiaux, et dix dérivés. Voici le tableau de ces diverses gammes.

17e Gamme de		SI		majeure ou mineure.
16e Gamme de			LI	majeure ou mineure.
15e Gamme de	SE			majeure ou mineure.
14e Gamme de		LA		majeure ou mineure.
13e Gamme de			BI	majeure ou mineure.
12e Gamme de	LE			majeure ou mineure.
11e Gamme de		BOL		majeure ou mineure.
10e Gamme de			FI	majeure ou mineure.
9e Gamme de	BE			majeure ou mineure.
8e Gamme de		FA		majeure ou mineure.
7e Gamme de		MI		majeure ou mineure.
6e Gamme de			AI	majeure ou mineure.
5e Gamme de	ME			majeure ou mineure.
4e Gamme de		RÊ		majeure ou mineure.
3e Gamme de			DI	majeure ou mineure.
2e Gamme de	RE			majeure ou mineure.
1re Gamme de		DO		majeure ou mineure.

Quand le chanteur est obligé de subir la loi de l'immutabilité des sons d'un instrument accordé au diapason, ou quand il rattache au diapason le prima de la gamme qui forme l'air qu'il veut reproduire, il ne chante que dans l'une de ces 34 gammes.

VII. *Série chromatique* (1).

Si l'on reproduit successivement les sons générateurs et les dièses, on fait une *série chromatique par dièses*; donc une série chromatique par dièses est une succession de huit sons générateurs et des cinq dièses auxquels ils donnent naissance.

Si l'on reproduit successivement les sons générateurs et les bémols, on fera encore une *série chromatique par bémols;* donc une série chromatique par bémols est une succession de huit sons générateurs et des cinq bémols auxquels ils donnent naissance.

VIII. *Série enharmonique.*

Si l'on reproduit successivement les huit sons générateurs, les dièses et les bémols, on fera une série *enharmonique;* donc une série enharmonique est une succession de huit sons générateurs accompagnés de cinq dièses et de cinq bémols, se composant, en tout, de dix-sept sons.

Note. 1. Les séries chromatiques et enharmoniques ne sont généralement en usage dans toute leur étendue que dans quelques instruments; dans les chants elles ne se présentent que par fragments; il est probable que la simplication des signes musicaux amènera un usage plus fréquent de ces fragments réguliers.

2. Les séries qui précèdent existent aussi avec les éléments de la gamme mineure.

IX. *Des modulations.*

Le mot *modulation* signifie action de moduler. *Moduler*, c'est passer d'une gamme majeure ou mineure à une gamme majeure ou mineure, en prenant pour prima un son générateur ou intermédiaire autre que le prima de la gamme précédente; par là on change le rôle de tous les sons de cette gamme qui entrent dans la nouvelle. On dit donc : 1° *Moduler en majeur*, ou passer d'une gamme mineure à une majeure; 2° *moduler en mineur* ou passer d'une gamme majeure à une mineure; 3° *moduler du majeur au majeur;* 4° *du mineur au mineur.*

Le but de la modulation est de donner plus de charme, plus de puissance à la mélodie.

Les gammes sympathiques sont celles qui renferment le plus grand nombre des sons de la gamme précédente; le musicien module donc plus facilement avec ces gammes qu'avec les autres : la difficulté des modulations étant en raison directe du nombre de sons intermédiaires qui entrent dans la nouvelle gamme. Ainsi, en partant de la gamme majeure, la gamme de *bol* majeur, celle de *fa* majeur ne renfermant qu'un son intermédiaire, et celle de *la* mineur, sont celles avec lesquelles on module le plus facilement; en partant de la gamme mineure, la gamme de *bol* mineur, de *fa* mineur et celle de *me* majeur, sont celles avec lesquelles on module le plus facilement.

Le moyen de vaincre la difficulté des modulations, consiste à s'identifier par la pensée, et dès l'apparition du premier son de la gamme nouvelle, avec cette même gamme, en reproduisant instantanément le prima, le tierça, le quinta, et l'octave.

X. *Du diapason.*

Le diapason est un petit instrument sonore qui donne par l'action de l'homme un son

(1) Appelée improprement dans le système ordinaire, gamme chromatique.

qu'on appelle *la*; il est aux sons ce qu'est le thermomètre à l'air : dans le langage musical, on dit : ce chanteur fait le huitième aigu ou grave du diapason, ou le cinquième, quatrième son, etc., aigu ou grave du diapason. Il est à peu près connu dans tous les pays où la musique est cultivée. On s'en sert, 1° pour mettre à l'octave ou à l'unisson d'un instrument le *la* réel ou fictif de tous les instruments de musique ; 2° pour produire le premier son d'un chant à une élévation relative à l'étendue de la voix du chanteur; privé de ce moyen il est exposé à commencer trop haut ou trop bas, conséquemment à dénaturer la mélodie en sortant de la gamme primitive ou en produisant certains sons un peu plus haut ou un peu plus bas que le comporte la mélodie écrite, en un mot, en *chantant faux*. Ce son doit être gravé dans la mémoire de telle manière qu'on puisse faire le *la* diapason sans l'instrument qui le produit, vu qu'on peut en être privé.

De l'air du diapason en LA.

L'air du diapason sert à chercher au moyen du *la* diapason, le prima de la gamme de *do*. Pour reproduire le *la* en question, il faut avoir ou le diapason ou avoir dans la mémoire le son qu'il donne, ou un instrument de musique donnant le *la* à l'unisson ou à l'octave (page LL).

Recherche, à l'aide de l'air du diapason, des 17 primas des 17 gammes majeures, et des 17 gammes mineures.

Nota. — 1° Pour apprécier l'importance des exercices suivants, il faut relire l'article diapason (page 30). — 2° Il est des cas où la recherche du prima est très-facile, comme dans la gamme de *bol*, etc.; mais je mets de côté les procédés particuliers qu'on pourrait employer, pour ne donner que des fragments généraux. — 3° Il faut se rappeler que le fragment *si do*, est le modèle des dièses, et *mi fa*, ou *fa mi*, le modèle des bémols. — 4° Pour ne pas déranger l'ordre des 17 sons, qui se composent toujours du grave à l'aigu, en partant du do, l'élève devra commencer par le numéro 1. — 5° Les 17 primas qui vont être énumérés forment la gamme enharmonique du diapason, ou ce qui est la même chose, la 4° gamme enharmonique du diagramme. — 6° Un prima étant trouvé, le huitième aigu ou grave devenant un prima, ne demande aucun exercice particulier : il suffira de monter ou de descendre la gamme. — 7° Pour chercher un prima naturel, l'air monte diatoniquement jusqu'au prima ; pour chercher un prima dièse, l'air monte jusqu'au 2° degré du dièse; pour chercher un prima bémol, l'air monte diatoniquement jusqu'au 2° degré grave de ce son. Le mouvement ascendant de l'air est toujours diatonique et uniforme. — 8° L'exercice amenant immédiatement le prima cherché, doit être précédé de l'air du diapason. — 9° L'air du diapason est suivi d'un prélude en do avec lequel on trouve le prima (page LL).

Nota. — 1. On voit clairement, en lisant le tableau que les primas n'occupent et ne peuvent occuper que sept positions : trois linéaires et quatre interlinéaires.

2. L'élève peut chercher un prima quelconque par des préludes différents de ceux que j'ai donnés.

De la parole au diapason ou de la parole à la hauteur d'un son convenu. Exercices pour habituer les élèves à lire ou à réciter à l'élévation d'un son convenu (page MM).

Nota. — 1. On ne donne ici que les huit sons naturels de la gamme du diapason comme étant suffisants pour l'usage en question.

2. On fera lire ou réciter les phrases à l'unisson du *do*, puis à celui du *ré*, ensuite à celui de *mi*, ainsi de suite jusqu'au huitième.

3. On a pris pour texte les définitions des figures gammiques afin que les élèves en connaissent la valeur géométrique.

4. On a réuni les figures afin de rendre l'exercice moins long.

5. Avant de lire, on pourra solfier pour mieux s'identifier avec le son déterminé.

XI. *Du diagramme ou de l'échelle mélodique.*

Les sons générateurs, les dièses et les bémols étant bien compris ; l'image de la gamme naturelle accompagnée des dix sons intermédiaires étant bien gravée dans l'imagination, il sera facile de comprendre un des faits les plus importants de la musique, qui est l'échelle mélodique ou diagramme général. La connaissance de ce fait complexe facilitera l'intelligence de la théorie musicale et en particulier celle des instruments de musique.

L'échelle mélodique est le point de ralliement de tous les musiciens, chanteurs ou instrumentistes, c'est le terrain commun où ils se rencontrent tous. Le bon musicien connaît parfaitement les rapports de tous les éléments d'un orchestre avec l'échelle mélodique : sans cette connaissance, une exécution musicale compliquée est un véritable dédale.

Le diagramme est donc la série de tous les sons produits par les voix et les instruments de musique ; elle se compose donc d'une succession de séries enharmoniques placées les unes au-dessus et les autres au-dessous d'une gamme fixe dont le *la* est à l'unisson du diapason. On prend comme terme de comparaison la gamme la plus connue, celle que toutes les voix produisent ainsi que tous les instruments ; les autres gammes perdent de leur harmonie en raison directe de leur éloignement de la gamme du diapason : de là on peut conclure que la 6ᵉ gamme et la 1ʳᵉ du piano, par exemple, ont beaucoup moins de valeur que les autres.

Pour donner une idée de l'importance de cette nouvelle manière de présenter un fait complexe si important, je vais donner l'étendue de quelques instruments. Les *pianos* fabriqués vers 1830 ont généralement six gammes ; les pianos modernes font depuis le *do* de la 1ʳᵉ gamme jusqu'au *do* octave de la 6ᵉ, plus les 3/4 d'une autre gamme et quelquefois même une gamme de plus, c'est-à-dire sept. Mais si le piano est un des instruments les plus étendus, il a l'inconvénient grave de confondre les dièses avec les bémols, sons produits par des nombres de vibrations différents ; ainsi au lieu de dix sons intermédiaires que renferment implicitement les gammes, cet instrument imparfait n'en donne que cinq.

XII. *Des limites mélodiques.*

Les limites mélodiques sont deux signes phoniques qu'on place au commencement d'un air, et qui en expriment l'étendue. Tous les airs sont formés d'une portion du diagramme ; les limites mélodiques sont encore les sons extrêmes de cette petite échelle. Le premier signe exprime le son le plus élevé, et le second le plus bas. Ils servent à éclairer le musicien chanteur ou instrumentiste sur les difficultés qui naissent de la situation de sons très-aigus ou très-graves. Le chanteur qui connaît la nature de sa voix, et l'instrumentiste l'étendue de son instrument, pourront à volonté descendre ou monter le prima, ou en d'autres termes, transposer, c'est-à-dire lire dans une gamme plus élevée ou plus basse que celle avec laquelle l'air est écrit.

XIII. DE LA PORTÉE.

Le chapitre de la portée doit se diviser en quatre parties, qui sont : 1° la portée tertiaire; 2° les lignes supplémentaires; 3° les nombres octavals; 4° les noms des sept positions de la portée tertiaire; 5° de la portée du papier-musique (pl. A, fig. A).

1. *De la portée tertiaire.*

La portée tertiaire est la réunion de trois lignes parallèles placées à des distances égales les unes des autres, sur lesquelles les compositeurs placent les figures gammiques à une élévation à peu près proportionnelle à la place qu'elles occupent dans le diagramme.

La portée sert, 1° à peindre aux yeux en quelque sorte l'acuité ou la gravité des sons par la distance perpendiculaire qui existe entre les figures. Elle est donc le signe intuitif du son qui monte ou qui descend; c'est une véritable échelle vocale et instrumentale; elle est d'un puissant secours pour le chanteur et surtout pour l'instrumentiste; 2° à frapper l'œil par la disposition bizarre des figures ainsi placées, ce qui éveille les souvenirs de l'oreille, et facilite étonnamment la lecture musicale; 3° à exprimer d'une manière claire et explicite tous les éléments successifs du diagramme, lesquels conservent toujours sur la portée la même position; de cette façon le musicien sait toujours à quel degré du diagramme appartient le son qu'il reproduit.

Elle exprime donc par des positions fixes, immuables, les sons donnés par les positions fixes, immuables d'un instrument quelconque.

La portée tertiaire donne sept positions, trois linéaires et quatre interlinéaires; la 1re est sous la 1re ligne, la 2e sur la 1re ligne, etc., la 7e au-dessus de la 3e ligne. Dans cette limite elle ne pourrait pas exprimer les sept gammes de l'échelle mélodique; aussi, est-elle affectée d'un des nombres octavals I, II, III, IV, V, VI, VII.

2. *Des nombres octavals.*

Le nombre octaval est un nombre qui, se composant de chiffres romains, annonce que la portée, en tête de laquelle il se trouve, exprime la gamme de l'échelle mélodique annoncée par ce nombre; il se place sur la 2e ligne ou vis-à-vis, pour annoncer qu'elle exprime toujours le *bol*, le *bi* ou le *be* fixes de l'échelle mélodique, c'est-à-dire, la seconde mineure majeure ou maxime du diapason (1).

Comme l'échelle mélodique se compose à peu près de sept gammes, il faut sept nombres octavals pour les exprimer. Les chanteurs et les instrumentistes, pour point de départ, prennent la gamme du diapason, parce que les fragments mélodiques les plus harmonieux, produits par les voix et les instruments, se composent des éléments de cette gamme; c'est généralement par ces sons que commencent les morceaux de musique, pour se diriger vers les gammes à l'aigu ou vers les gammes graves de l'échelle mélodique; or, cette gamme peut être considérée comme la 5e du piano; elle sera donc annoncée par le nombre octaval V.

(1) Le nombre octaval est identique à la clef de bol (sol) du système usuel, accompagnée ou non du mot, *octava*.

La portée tertiaire ne donne que sept positions phoniques ; mais la plupart des mélodies se composent d'une portion d'échelle mélodique de plus de sept sons ; il faudrait donc changer souvent le nombre octaval ; aussi, pour obvier à cet inconvénient qui entraverait la lecture musicale, on ajoute à la portée principale une ou plusieurs lignes supplémentaires.

3. *Des lignes supplémentaires.*

La ligne, ou les lignes supplémentaires sont des lignes parallèles à celles de la portée principale, et séparées de celle-ci par un interligne et demi, lesquelles font toujours partie d'une portée tertiaire sous-entendue au grave ou à l'aigu. L'interligne et demi qu'on laisse entre la portée principale et les autres, peut recevoir deux figures, une contre la ligne inférieure et l'autre contre la ligne supérieure.

Ce grand espace qui donne deux signes de position, constitue tous les avantages de la portée tertiaire ; car par ce moyen tous les huitièmes sont exprimés par des dispositions semblables.

Si les lignes supplémentaires forment un groupe de trois lignes, c'est alors une portée octavale ajoutée à la portée principale.

4. *Des sept positions de la portée tertiaire.*

La portée tertiaire, comme je l'ai déjà dit, peut exprimer sept sons de l'échelle mélodique, par les sept positions qu'elle donne, lesquelles expriment toujours et respectivement les sons semblables de l'échelle mélodique. Voici les positions de cette portée affectée du nombre octaval V correspondant aux sept sons de la gamme du diapason. Le *do* grave est exprimé par la 7e position d'une portée sous-entendue : elle est déterminée par une ligne supplémentaire placée au-dessous de la portée principale, elle est donc semblable à la 7e position de la portée principale, puisque celle-ci donne le *do* octave du premier ; le *ré* est exprimé par la 1re position ; le *mi* par la 2e, qui est la première ligne, le *fa* par la 3e position ; le *sol* par la 4e, qui est la deuxième ligne, le *la* par la 5e position, et le *si* par la 6e, qui est la troisième ligne ; et le *do* 8e par la 7e.

Dans la gamme de *do* et *di* majeure ou mineure, les positions de la portée portent le même nom que les figures ; ce sont les seules gammes où les noms de sons de l'échelle mélodique sont identiques aux noms mnémoniques des figures. Ainsi, le carré se place au-dessus de la ligne supplémentaire ; le losange sous la première ligne ; le cercle sur la première, ainsi de suite pour les autres.

Quand la gamme est autre que celle de *do* ou de *di*, le carré exprimant le prima de toutes les gammes majeures ou mineures, occupera l'une des sept positions de la portée tertiaire, position indiquée par l'espèce de gamme annoncée toujours au commencement de la mélodie ; ainsi le carré occupera la 1re position, c'est-à-dire se placera au-dessus de la première ligne, si c'est la gamme *re*, *rè*, ou *ri* majeur ou mineur ; il se placera sur la première ligne, si c'est la gamme de *me* ou *mi* majeure ou mineure, ainsi de suite, pour les cinq autres positions.

Les autres figures, d'après les lois invariables de la succession des sons, suivront le même mouvement ascensionnel, et cela dans un rapport identique à l'élévation du carré; c'est-à-dire que si le carré monte de deux degrés, toutes les autres figures monteront de deux degrés.

Voici quelques explications qui pourront faciliter l'intelligence de cet article.

Dans le système harmonique actuellement pratiqué, il y a 17 gammes majeures et 17 gammes mineures. Tout prima de gamme majeure peut être prima de gamme mineure; donc, il n'y a que 17 toniques identiques. Parmi ces 17 toniques, il y a 7 sons générateurs et 10 satellites; or, pour éviter des complications inutiles au point de vue de la pratique, on est convenu que les satellites porteraient un nom dérivé du nom mnémonique du son générateur, qu'il aurait pour signe de représentation, une figure dérivée de la figure exprimant le son générateur, et pour position sur la portée tertiaire, la position du son générateur; donc les 17 toniques n'ont besoin que de sept positions; donc la portée tertiaire suffit à toutes les exigences musicales; donc le carré, ainsi que les six autres figures, ne peuvent et ne doivent occuper que 7 positions primordiales (1).

3. *De la portée du papier-musique.*

La portée du papier-musique est une portée tertiaire à laquelle on ajoute deux lignes supplémentaires fixes, une au-dessus et l'autre au-dessous.

Cette portée est nécessaire aux copistes de musique; par là, ils seront dispensés de tracer à la main les lignes supplémentaires.

XIV. DES AGRÉMENTS PHONIQUES (2).

(Voyez à la fin du solfége.)

Un son et un fragment mélodique peuvent recevoir certaines modifications qui ne touchent pas à l'essence de la mélodie. Ces sortes d'agréments sont la conséquence du progrès qu'amène toujours la pratique d'un art. Bien souvent les compositeurs négligent les signes qui les expriment, alors les musiciens doivent avoir assez de goût, et bien connaître l'art musical, s'ils veulent rendre exactement la pensée de l'auteur.

En outre, un ou plusieurs sons accessoires peuvent précéder ou suivre un son constitutif, pour enrichir et embellir la mélodie. La physionomie et quelquefois le geste, jouent un rôle important dans la reproduction d'un chant.

Le but de ces agréments phoniques est de varier en détruisant la monotonie, de peindre avec plus de vigueur ou de grâce un sentiment de l'âme.

Les agréments phoniques se divisent en trois classes : les *nuances phoniques*, *les sons d'agrément* et l'*expression morale*.

---

(1) Cette théorie fait partie essentielle du système usuel : c'est un des points les plus difficiles à comprendre. Tous les auteurs ont gardé jusqu'ici le silence sur cette partie délicate.

(2) J'ai la certitude que les musiciens éclairés qui savent combien cette partie, *les agréments du chant*, est mal présentée dans les solféges, me sauront gré d'avoir traité cette matière si délicate de manière à arriver promptement à l'intelligence et à la mémoire des élèves.

1. *Nuances phoniques.*

L'émission du son, comparée à l'émission d'un autre son, peut avoir des rapports d'isolement ou de liaison, c'est-à-dire qu'elle peut être saccadée, articulée, liée, de là, *rapport de l'émission.*

L'émission du son peut être plus ou moins forte, de là, *intensité de l'émission.*

L'intensité du son peut s'accroître ou diminuer progressivement, de là, *intensité progressive de l'émission.*

L'émission peut être claire ou sombre, de là, *timbre de l'émission.*

Pour exprimer les nuances phoniques on emploie les initiales des mots qui les expriment, qu'on place au-dessus ou au-dessous du son.

Si la nuance s'étend sur un fragment mélodique, les initiales doivent être suivies généralement de points qui en déterminent la longueur.

a. Rapport de l'émission.
- Très-articulée.
- Bien articulée.
- Articulée.
- LIÉE.
- Bien liée.
- Très-liée.

Nota. — 1. Les mots composant la série des six modifications ci-dessus, sont placés dans un ordre gradué; ils expriment donc toutes les nuances intermédiaires qui se trouvent entre les sons très-articulés et ceux qui sont très-liés.

2. Les sons produits naturellement sont liés.

b. Intensité de l'émission.
- Très-forte.
- Bien forte.
- Forte.
- DOUCE.
- Bien douce.
- Très-douce.

Le mot *intensité* signifie la force d'une action, comparée à la force d'une autre action, dans des circonstances semblables. L'intensité du son n'est donc que l· volume d'air concourant à la production du son, ou, en termes moins techniques, le bruit produit par le son. Cette intensité est donc plus ou moins grande.

Nota. — 1. Les mots composant la série des six modifications ci-dessus sont placés dans un ordre gradué; ils expriment donc toutes les nuances intermédiaires qui se trouvent entre l'émission la plus forte et l'émission la plus ouce.

2. Les sons produits naturellement sont doux.

c. Intensité progressive de l'émission.
- Renforcement.
- Affaiblissement.

Explication. — 1. Une progression est une série de quantités ayant entre elles des rapports toujours égaux. Ainsi des quantités, dont la grandeur serait exprimée successivement par les chiffres 1, 2, 3, 4, etc., seraient progressives.

2. L'intensité progressive de l'émission peut être croissante ou décroissante. Les deux mots qui expriment ces nuances, sont le renforcement et l'affaiblissement.

Le *renforcement* consiste à modifier l'émission du son en commençant très-doucement, et en la rendant progressivement plus forte jusqu'à la fin du son ou du dernier son du fragment mélodique.

L'*affaiblissement* consiste à modifier l'émission du son en commençant très-fortement et en la rendant progressivement très-douce jusqu'à la fin du son ou du dernier son du fragment mélodique.

3. Souvent le renforcement est suivi immédiatement de l'affaiblissement ; alors, c'est un double fragment mélodique dont l'émission devient progressivement plus forte jusqu'au milieu, et progressivement plus faible depuis le milieu jusqu'à la fin.

d. Timbre de l'émission. { Clair. / Sombre.

2. *Sons d'agrément.*

Les sons d'agrément sont des sons accessoires qui précèdent ou qui suivent un son essentiel à la mélodie. Les compositeurs les emploient pour enrichir et embellir un air : ils peuvent être supprimés par les élèves peu exercés sans pour cela le dénaturer.

Ils doivent être facilement reconnus, c'est pour cela que je les exprime par des figures plus petites que celles qui représentent les sons constitutifs ; en outre, ces figures n'ont pas de chiffres rhythmiques.

Il y a six espèces de sons d'agrément, qui sont :

L'appuiement.
Le port de voix.
Le groupe.
Le trille.
Le mordant.
Et les fioritures.

a. *De l'appuiement* (1).

L'*appuiement* est un son d'agrément qui précède un son constitutif. Il est à l'aigu ou au grave de ce dernier. S'il est à l'aigu, il s'appelle *appuiement en dessus* ; dans ce cas, on passe du doux au fort ; s'il se trouve au grave, il s'appelle *appuiement en dessous* ; dans ce cas, on passe du fort au doux.

La durée de l'appuiement est la moitié du son principal.

Il ne faut pas confondre l'appuiement avec les sons très-liés. L'appuiement est porté à

(1) Apogiature dans le système usuel.

l'unisson du son principal, tandis que, dans les sons très-liés, la voix passe, pendant leur durée, du premier son au deuxième, en se traînant en quelque sorte sur le premier, ou en d'autres termes, en y arrivant chromatiquement.

b. *Port de voix.*

Le *port de voix* est un, et quelquefois deux sons aigus ou graves d'un son principal, placés avant et quelquefois après, et très-liés à celui-ci, disjointement et quelquefois diatoniquement.

Leur durée est un peu moins de la moitié de celle de ce dernier. Le port de voix est toujours disjoint quand il précède; quand ce son est diatonique, alors c'est un appuiement.

La liaison du port de voix est telle qu'on *porte* la voix jusqu'au son principal, pour le reproduire en quelque sorte deux fois.

Le fragment, où entre le port de voix, est un affaiblissement s'il précède ; il peut être aussi un renforcement; s'il suit, il est encore un affaiblissement.

c. *Groupe.*

Le groupe est un fragment de trois ou quatre sons diatoniques placés généralement avant le son constitutif auquel ils sont unis, et quelquefois après. L'un de ces sons est un degré au-dessus du son principal, un autre, un degré au-dessous, et le 3e, sur le même degré ; quand il y a quatre sons, deux sont à l'unisson du son constitutif. Le grupetto peut être naturel chromatique ou enharmonique.

d. *Trille.*

Le *trille* est un fragment de sons d'agrément formé par deux sons : un appelé principal, et son second, aigu ou grave, répétés plusieurs fois et très-vite. Il se fait sur le septa lorsqu'il est suivi du prima ; sur le quarta, s'il est suivi du tierça ; sur le *fi*, s'il est suivi du quarta ; sur le *se*, s'il est suivi du sixta.

e. *Mordant.*

Le *mordant* est un fragment de sons d'agrément qui tient le milieu entre le groupe et le trille. Les sons qui le composent sont généralement très-articulés, aussi, est-il appelé mordant. Les sons constitutifs qui font partie du fragment ont une durée courte, le contraire a lieu dans le trille.

f. *Fioritures.*

Les *fioritures* se composent d'une série de sons nombreux très-liés et indépendants d'un son constitutif. Ils existent après un point d'arrêt, à la fin d'une phrase, ou d'un morceau de composition. Les sons qui les composent n'ont pas de valeur arithmétique temporaire, mais ils s'exécutent avec une rapidité en rapport au talent du chanteur et au caractère du morceau de musique. Les fioritures se font généralement sur une seule syllabe.

3. *Des expressions morales* (1).

Les couplets d'une romance, d'une chansonnette, etc., quand ils sont bien faits, ont des rapports avec une pièce dont le charme dépend de la mise en scène ; de l'imagination et de la sensibilité de l'auteur.

Le chanteur doit donc varier sa physionomie selon les divers sentiments qui peuvent naître des couplets qu'il chante.

Voici les mots ou les expressions qui annoncent les circonstances plus ou moins dramatiques déduites de la nature du sujet.

Ces expressions adverbiales, considérées isolément, semblent offrir à l'élève des difficultés. C'est dans ce cas-là surtout, où le goût et l'esprit du chanteur, doivent être mis en évidence ; au reste, le sens de la mélodie et la connaissance du fragment affectée d'un *mot d'expression*, rendent facile la connaissance de la signification de ce mot.

Ces mots se divisent en quatre classes relatives aux diverses situations de l'âme. Pour leur donner un sens convenable, il faut les faire précéder du mot *chanter* ou du mot *exécuter*. Je ne les définis pas, parce que leur valeur est très-connue.

a. Nuances des émotions ordinaires.	Simplement. Hardiment. Décidément. Avec éclat. Religieusement. Mystérieusement. Majestueusement. Avec expression. Avec expression croissante.
b. Nuances de la douleur . . .	Tendrement. Craintivement. Avec agitation. En suppliant. Avec douleur. En pleurant.
c. Nuances de la colère	Avec dédain. Avec vivacité. Avec véhémence. Violemment. Avec colère.
d. Nuances de la joie	Gaîment. Avec enthousiasme. En souriant. En riant.

(1) La liste des termes d'expression donnée dans le système usuel, est bien difficile à comprendre et à confier à la mé-

XV. DES MOYENS D'INTONATION.

1. *La solmisation.*

(Voyez à la fin du solfége.)

La solmisation consiste à reproduire les sons d'un air, en nommant leurs noms mnémoniques. Je n'ai rien à dire de ce puissant moyen d'intonation, vu que depuis plusieurs siècles il est employé.

Il est à remarquer cependant, que la suppression de dix homonymes remplacés par *di*, *ri*, *fi*, *bi*, *li*; et *re*, *me*, *be*, *le*, *se*, qui constituent une des parties importantes de mon système, facilite étonnamment l'intonation de tous les sons accidentels.

Il faudrait être de mauvaise foi, pour nier la puissance de cette réforme, sur la faculté de l'intonation.

2. *La vocalisation.*

La vocalisation consiste à reproduire les sons d'un air en les exprimant par des voyelles prises arbitrairement.

Je n'ai rien à dire de ce procédé, qui, pour être pratiqué, demande une certaine force en musique. C'est un moyen d'intonation en ce sens qu'il réclame de la part de l'élève, de grands efforts de mémoire.

3. *Le procédé diatonique.*

Le procédé diatonique consiste à créer un fragment diatonique, dont le premier son est le premier de l'intervalle, et l'un des derniers, le second son du même intervalle ; ce moyen mnémonique peut s'employer pour produire un son générateur ou intermédiaire éloigné, ou très-éloigné d'un autre.

Il est basé sur deux faits dont l'existence est incontestable : 1° tout le monde fait naturellement la gamme majeure et les dix sons intermédiaires, attaqués dans leur position la plus simple, sauf quelques rares exceptions ; 2° tout le monde a la mémoire des sons, il est vrai, plus ou moins heureuse, plus ou moins développée. En effet la gamme naturelle renferme en elle-même le modèle des intervalles les plus usités : ainsi le modèle des dièses est le fragment *si*, *do* ; celui des bémols *mi*, *fa* ; le modèle des quatrièmes majeures, par exemple, est *fa*, *si*, etc., etc.

Le procédé diatonique est le moyen qui développe le plus promptement la mémoire des sons ; tout le secret de l'intonation, est dans le développement de cette faculté, laquelle, comme la mémoire des mots, devient très-puissante par l'étude.

La difficulté de l'intonation d'un son quelconque dépend de sa position par rapport à celui qui précède ; par le procédé diatonique, on le met dans sa position la plus simple, on l'entonne, on fait quelques efforts pour le conserver dans la mémoire, sans perdre le sou-

---

moire : les mots italiens, l'illogicité du classement et la synonymie des termes en font une des grandes difficulté de la musique, mais la connaissance : 1° de la nature de la mélodie ou de la poésie ; 2° de l'espèce de gammes ; 3° de l'espèce de rhythme ; 4° des agréments phoniques et rhythmiques qui peuvent entrer dans la mélodie, aidera l'intelligence de ces expressions.

venir de celui qui le précède dans la mélodie; puis on les reproduit dans leur situation mélodique.

Le chanteur instrumentiste, surtout celui qui connaît le piano, la guitare, la harpe ou le violon, a toujours à sa disposition un moyen mécanique de reproduire très-facilement tous les sons, et cela sans études vocales; mais les musiciens non instrumentistes peuvent être innombrables, il faut donc pour eux le procédé diatonique.

Il ne faut employer le procédé en question que dans le cas où l'élève ne peut pas entonner directement un son.

Dans l'étude d'une mélodie on s'exerce isolément à l'intonation des sons difficiles; puis on étudie chaque fragment, en liant le deuxième au premier, le troisième aux deux premiers, ainsi de suite jusqu'à la fin.

Je ne fais qu'indiquer un moyen d'intonation; c'est au professeur intelligent et expérimenté à l'appliquer selon la force de ses élèves.

Les mots disjointicité, chromaticité par dièses, chromaticité par bémols, et enharmonicité, expriment quatre ordres d'idées, desquelles dérivent quatre espèces d'intervalles.

Les intervalles, considérés relativement à l'espèce de sons qui les composent, se divisent en quatre espèces :

1. l'intervalle générateur ;
2. l'intervalle chromatique par dièses ;
3. l'intervalle chromatique par bémols ;
4. L'intervalle inharmonique.

1. *Procédé diatonique pour les sons générateurs.*

Le procédé diatonique pour les sons générateurs, consiste à produire le premier son ainsi que les sons fictifs qui se trouvent entre le premier et le second, puis on répète les deux sons constitutifs, une ou plusieurs fois, afin qu'ils se gravent dans la mémoire.

2. *Procédé diatonique pour les dièses.*

Un intervalle chromatique par dièse, peut se présenter sous trois phases :

a. le premier son peut être générateur et l'autre dièse :

b. le premier peut être dièse, et l'autre générateur ;

c. les deux peuvent être dièses.

a. La position la plus naturelle pour attaquer le dièse accidentel, c'est de produire son deuxième aigu; donc le procédé diatonique pour l'intonation des cinq dièses, consiste à se porter diatoniquement sur le deuxième aigu, et puis de là faire le dièse : ce qui rappelle le fragment *do, si*. En effet le moyen le plus simple de produire le *si*, c'est de partir du *do*.

b. Si le premier son est un dièse, et le second un générateur, il faut reproduire le deuxième aigu du dièse et chercher diatoniquement le second.

c. Si le premier et le second sont dièses, ce qui est rare, l'opération devient double. On produit le premier dièse, et on cherche diatoniquement le second.

3. *Procédé diatonique pour les bémols.*

Un intervalle chromatique par bémols peut se présenter sous trois phrases :

a. le premier son peut être générateur, et l'autre bémol ;

b. le premier peut être bémol et le second générateur ;

c. les deux sons peuvent être des bémols.

a. La position la plus naturelle pour attaquer le bémol accidentel, c'est de produire son deuxième grave ; donc le procédé diatoniquement pour l'intonation de chacun des cinq bémols, consiste à se porter diatoniquement sur le deuxième grave et de là, faire le bémol. Ce qui rappelle le fragment *mi, fa*. En effet, le moyen le plus simple de produire le *fa*, c'est de faire le *mi*.

b. Lorsque le premier son est bémol, et l'autre générateur, il faut chercher diatoniquement le second.

c. Lorsque le premier et le second sont bémols, ce qui est rare, l'opération devient double : on produit le premier bémol, et l'on cherche diatoniquement le second.

4. *Procédé diatonique pour l'intervalle enharmonique.*

L'intervalle enharmonique, qui est très-rare, a deux phases :

a. le premier son est dièse, et le second bémol ;

b. le premier est bémol, et le second dièse.

Les sons de l'intervalle enharmonique sont attaqués diatoniquement comme les éléments de l'intervalle chromatique.

5. *Audition phonique analysée.*

L'audition phonique analysée est la production, par le professeur, d'un son générateur ou intermédiaire, précédé de la production du prima de la gamme à laquelle il appartient, et la détermination par l'élève du nom gammique de ce son.

Par cet exercice la mémoire des sons est sans cesse développée. Les efforts incessants que fait l'élève pour saisir les divers rapports qui lient un élément, de la gamme à son prima, et la répétition des moyens secrets et souvent personnels qu'il emploie pour le reproduire, donnent en partie l'art si difficile de l'intonation.

6. *Compositions mélodiques.*

Les compositions mélodiques consistent à donner aux élèves un air à composer avec les éléments de tel fragment mélodique diatonique, dans l'une des six espèces de mesure, et d'exiger qu'ils le solfient ou qu'ils le vocalisent.

On doit commencer par des fragments diatoniques courts et dont la durée des éléments soit longue. Les compositions mélodiques ont un double avantage ; c'est qu'elles développent la faculté de l'intonation, et qu'elles familiarisent avec les difficultés rhythmiques.

Dans ce travail, l'élève doit mettre à contribution tout ce qui est dans son esprit et dans sa mémoire pour faire des phrases mélodiques qui aient un sens. Si la reproduction de son travail par la voix est exacte, alors il ne faut plus avoir de doute sur l'efficacité de son travail : c'est que telle ou telle partie de la gamme sera bien dans sa mémoire ; que le rôle de tel ou tel son sera bien compris; en un mot, c'est que l'art de l'intonation aura grandi chez lui.

7. *Rôle multiple d'un son.*

L'exercice du rôle multiple d'un son, consiste dans la production d'un son à une élévation quelconque, par le professeur, et dans la reproduction par les élèves, de ce son; dans la fixation d'un rôle gammique de ce même son, pris parmi les 17 éléments de la gamme; et dans la création d'un fragment mélodique ayant pour élément initial le son donné par le professeur et pour élément final le prima ou son huitième de la gamme auquel il appartient.

Explication. — Un son, non précédé de son prima ou de son huitième, ne joue aucun rôle gammique déterminé, il peut être un des sept sons générateurs ou un des dix sons intermédiaires : il est donc entièrement subordonné à la volonté de celui qui le produit. Ainsi un son peut être prima, seconda, tierça, quarta, etc., ou un des sons intermédiaires, *di, ri, fi, bi, li ; re, me, be, le, se.*

Le professeur produit un son, les élèves le reproduisent; puis il dit par exemple *bol*, montez, les élèves chantent *bol, la, si, do*; ou *bol*, descendez : les élèves chantent *bol, fa, mi, rè, do.* S'il dit *fa*, les élèvent chantent : *fa, bol, la, si, do*, ou *fa, mi, ré, do.*

S'il dit *fi*, ils chantent *fi, bol, la, si, do.*

La détermination du rôle par le professeur, est subordonnée à l'intelligence et au savoir des élèves. Il est évident que le rôle des sons intermédiaires, est bien plus difficile que celui des sons générateurs.

8. *Equivalents phoniques.*

Les équivalents phoniques sont des fragments de deux ou plusieurs sons inégaux, mais formant des intervalles semblables et exprimés par des signes différents, et reproduits, dans la solmisation, par des noms mnémoniques différents. Ainsi les fragments *do mi*, *fa la*, et *bol si*, sont équivalents; ainsi que *bol fi bol*, et *do si do*, etc., etc.

L'exercice des équivalents phoniques consiste à mettre par l'emploi de l'une des dix-sept gammes, les éléments des équivalents sur la même position dans la portée; l'emploi de plusieurs portées est indispensable. Le fragment type se met sur la première, et les équivalents sur des portées placées au-dessous.

Dans la pratique des équivalents phoniques, on solfie une ou plusieurs mesures du premier fragment, puis on répète les équivalents, lesquels expriment des faits phoniques identiques, quoique exprimés par des signes et des monosyllabes différents.

Les équivalents phoniques agissent de deux manières sur la faculté de l'intonation : l'esprit détermine l'équivalent et la mémoire s'efforce de se rappeler le fragment type; cette double opération intellectuelle agit puissamment sur l'oreille. La disposition de la bouche énonçant des séries de monosyllabes exprimant des faits identiques, se gravera tellement dans la mémoire, que ces séries prises isolément, seront plus facilement reproduites.

Ainsi l'habitude de donner aux trois séries do mi, fa la, bol si, un sens identique, se conservera quand les deux dernières exprimeront des sons plus aigus ou plus graves que la première.

9. *Tableau-Solfége.*

Le tableau-solfége contient : 1. tous les fragments mélodiques de tous les morceaux de musique; 2. les sons les plus graves et les plus aigus que produisent les voix humaines; 3. La gamme majeure et la mineure; 4. les sons intermédiaires de la gamme majeure et de la mineure; 5. une échelle de sons générateurs des deux genres de gammes pour faciliter les modulations; 6. toutes les mesures difficiles de tous les solféges de l'Europe.

Le tableau-solfége sert :

1. à donner des leçons de musique vocale, selon le mode simultané, à un très-grand nombre d'élèves, et selon le mode individuel, à un ou plusieurs élèves (1);

2. à abréger et à faciliter les travaux des professeurs;

3. à aider l'intelligence dans l'étude de la théorie de la musique et de l'harmonie;

4. à rendre plus facile la reproduction de tous les sons, en donnant toujours aux signes qui les expriment la même position, et en rapprochant dans la direction perpendiculaire ceux qui expriment des sons, lesquels, par leur nature, sont très-rapprochés;

5. à préluder, avant de commencer un morceau nouveau, soit en solfiant sur la portion de l'échelle mélodique composant la musique à étudier, soit en répétant les difficultés particulières qu'il pourrait renfermer comme intonation et comme rhythme;

6. à exercer les enfants, à l'aide de 2 ou 3 baguettes, à chanter en partie;

7. à moduler dans les gammes sympathiques et mi-sympathiques.

Nota. 1. Le tableau-solfége peut à la rigueur remplacer tous les solféges, puisqu'il en résume, isolément il est vrai, toutes les difficultés phoniques et rhythmiques.

2. Dans les airs écrits, les signes phoniques sont placés dans des positions obliques ou horizontales, les uns par rapport aux autres. Dans le tableau-solfége, les sons générateurs sont tous placés dans des positions perpendiculaires : cette différence ne fait rien dans l'intonation de tous les sons.

3. Quand le musicien étudie un chant quelconque, s'il est peu avancé, il peut très-avantageusement se servir du tableau pour chercher les intonations difficiles. Il le fera facilement, vu que ses yeux sont familiarisés avec tous les éléments du tableau par suite de l'usage que doivent en faire les professeurs.

XVI. DES SIGNES PAR RAPPORT AUX INSTRUMENTS DE MUSIQUE.

DU SON.

1. *Signes phoniques* (pl. A, fig. A).

Le son instrumental est exprimé par la portée tertiaire, laquelle donne, comme on sait, sept signes primordiaux de position. Les positions sont déterminées par les figures.

la 7e s'appelle DO;
la 6e (3e ligne) s'appelle SI;
la 5e s'appelle LA;
la 4e (2e ligne) s'appelle SOL;

(1) Quand un cours est de 500 élèves ou plus, le tableau doit être écrit sur une toile d'une grande dimension.

la 3e s'appelle FA ;
la 2e (1re ligne) s'appelle MI ;
la 1re position s'appelle RÉ.

Ces positions primordiales, ainsi que leurs semblables à l'aigu et au grave, portent toujours le même nom.

Tous les huitièmes (octaves) sont exprimés par des positions semblables ; l'instrumentiste, quel que soit l'instrument qu'il cultive, n'a jamais que sept positions à confier à sa mémoire.

Ces positions, combinées avec les nombres octavals, peuvent exprimer tout le diagramme.

Ainsi, le chanteur s'occupe essentiellement des figures et accessoirement des positions ; l'instrumentiste s'occupe essentiellement des positions et accessoirement des figures ; cependant, dans les figures, il doit voir, pour exceller dans l'exécution, le rôle que joue, dans la gamme, le son qu'il produit.

Il suit de là, que les sons ont toujours deux noms, l'un gammique ou mnémonique, et l'autre diagrammique. Le nom gammique est celui qu'il porte, comme élément de la gamme ; le nom digrammique est celui qu'il porte comme élément du diagramme.

Les deux noms de mnémonique et diagrammique, sont communs dans les gammes de *do* et de *di*, c'est-à-dire celles où le prima occupe la septième position, le seconda la première, ainsi de suite.

L'instrumentiste, débutant presque toujours par l'étude de la gamme de *do* majeur, et par des airs qui en sont formés, pourra se familiariser, presque à son insu, avec les sept positions de la portée.

2. *Des différentes espèces de gammes, considérées au point de vue des instruments de musique.*

Les 17 gammes majeures et les 17 mineures produites par la voix, n'offrent pas plus de difficulté l'une que l'autre ; mais, produites par les instruments, elles ont chacune des difficultés qui sont en raison directe du nombre de sons intermédiaires qui les composent.

L'instrumentiste doit donc savoir les dièses qui entrent dans chaque gamme à dièses, et les bémols qui entrent dans chaque gamme à bémols.

L'armure est le nombre de dièses ou de bémols qui composent les sons générateurs d'une gamme.

Quelle que soit l'armure, dans les gammes majeures, les petits intervalles se trouvent du tierça au quarta et du septa au huitième, et dans les gammes mineures, du seconda au tierça et du quinta au sixta. On doit se rappeler que, très-souvent, du septa au huitième, il y a un petit intervalle amené par un dièse.

a. *Gammes majeures à dièses et à bémols.*

1. a. Les dièses permanents sont placés respectivement à des intervalles de cinquième en montant. Exemple : si l'armure se compose de trois dièses, le premier est *fi*, le 2e *di*, cinquième *aigu* de *fi*, et le 3e bi, cinquième *aigu* de *di*.

b. L'ordre naturel des gammes à dièses est basé sur leur rapport sympathique. Ce rapport existe quand les primas de deux gammes sont à un intervalle majeur de cinquième.

c. Toutes les gammes à dièses ont pour prima un son générateur, excepté fi et di.

2. a. Les bémols permanents sont placés respectivement à des intervalles de cinquième en descendant. Exemple : si l'armure se compose de trois bémols, le premier est *se*, le 2e *me*, cinquième *grave* de *se*, et le 3e *le*, cinquième *grave* de *me*.

b. L'ordre naturel des gammes à bémols est basé sur leur rapport sympathique. Ce rapport existe quand les primas de deux gammes sont à un intervalle majeur de cinquième en descendant.

c. Toutes les gammes à bémols ont pour prima un bémol, excepté celle de fa.

b. *Des mots d'armure.*

Le mot d'armure est un mot qui se compose de monosyllabes mnémoniques exprimant tout à la fois l'espèce de gamme et son armure. Le premier monosyllabe exprime l'espèce et les autres, l'armure.

Règle générale. — La première syllabe exprime l'espèce de gamme et conséquemment le prima et les autres les sons intermédiaires qui la constituent, et qui forment conséquemment l'armure.

En connaissant le plus grand mot d'armure, lequel porte le numéro 7, on apprendra très-facilement les six plus petits, puisque tous les monosyllabes constituant l'armure sont toujours dans le même ordre.

Gamme à sept dièses, 7. di — fi di bi ri li mi si.
Gamme à six dièses, 6. fi — fi di bi ri li mi.
Gamme à cinq dièses, 5. si — fi di bi ri li.
Gamme à quatre dièses, 4. mi — fi di bi ri.
Gamme à trois dièses, 3. la — fi di bi.
Gamme à deux dièses, 2. rè — fi di.
Gamme à un dièse, 1. bol — fi.
Gamme sans armure, do.
Gamme à un bémol, 1. fa — se.
Gamme à deux bémols, 2. se — se me.
Gamme à trois bémols, 3. me — se me le.
Gamme à quatre bémols, 4. le — se me le re.
Gamme à cinq bémols, 5. re — se me le re be.
Gamme à six bémols, 6. be — se me le re be de.
Gamme à sept bémols, 7. de — se me le re be de fe.

Nota. — 1. La gamme mineure a pour armure celle de la gamme majeure qui lui est sympathique, c'est-à-dire celle dont le prima est un troisième mineur au-dessous du prima majeur. Ainsi pour avoir le prima d'une gamme mineure et son armure, il suffira de descendre d'un troisième mineur à partir de chaque prima majeur. Exemple : *la* est prima de *la* majeur, donc le prima mineur est *fi* ; donc le mot fi-fidibi donne l'espèce de gamme et son armure.

Nota. — 2. Du tableau qui précède il faut conclure que les gammes, *ri*, *bi*, *li*, ne sont pas pratiquées par les instruments ; elles n'existent pas non plus pour la vocale, au moins au point de vue théorique, parce que les compositeurs ont pris pour règle d'écrire tout à la fois pour la voix et pour les instruments.

3. La gamme de *de* est identique, sur la plupart des instruments, à celle de *si*.

4. Au point de vue pratique, il n'y a que 16 gammes majeures, 1 sans armure, 7 à dièzes, 7 à bémols et 1 à prima identique qui est *de*.

5. Les primas des 16 gammes renfermées dans le tableau des mots d'armure sont tous respectivement à des intervalles de cinquième à l'aigu et au grave.

6. Chacune des 16 gammes a pour gammes sympathiques celle qui est immédiatement au-dessous, et celle qui est immédiatement au-dessus.

7. Les monosyllabes *mi*, *si*, expriment chacune, un dièse, en outre d'un générateur (1).

8. Au commencement de chaque air, le mot d'armure doit être écrit.

3. *De la transposition.*

La transposition consiste à lire un air dans une gamme autre que celle qui est indiquée au commencement d'un morceau. Elle a lieu surtout quand un instrument accompagne la voix et quand l'air n'est pas écrit pour l'instrument dont on joue.

Le système monogammique simplifie étonnamment les difficultés de la transposition, puisque le prima, le quinta, le huitième, par exemple, sont distingués de tous les autres sons de la gamme. L'instrumentiste, ainsi secondé par des signes rationnels, n'aura qu'à étudier, sur son instrument, les gammes artificielles en s'habituant à reconnaître le rôle gammique de chaque son de l'instrument qu'il pratique.

Rhythme.

Les signes de la durée des sons produits par les instruments étant absolument les mêmes que ceux qui expriment la durée des sons produits par la voix seulement, il existe quelques abréviations que je crois inutile de faire connaître ici.

DU RHYTHME (2).

1. CONSIDÉRATIONS GÉNÉRALES SUR LE RHYTHME.

Le rhythme est une succession de durées relatives variées et combinées de manière à nous procurer des sensations agréables.

Le rhythme peut exister sans la reproduction du son : le bruit régulier du tambour, des coups donnés par un objet contondant sur une table, peuvent donner des rhythmes tellement faciles à saisir par l'oreille, qu'on peut faire danser. Le rhythme est donc indépendant du son comme celui-ci est indépendant de celui-là ; mais l'un et l'autre savamment combinés, forment une double puissance qui agit sur notre organisation physique.

Dans les mélodies ordinaires, le rapport entre les durées est facile à saisir : l'une est égale à l'autre ; ou la première peut être la 1/2, le 1/4, le 1/8, le 1/16, ou le 1/3, le 1/6, le 1/12, le 1/24 de celle qui suit ou de celle qui précède.

---

(1) Cette homonymie pourrait être supprimée en substituant à mi, si, exprimant des générateurs, ma et sa pour le même objet.

(2) Le rhythme signifie aussi mesure. Je consacre le mot mesure, à la désignation des durées d'une barre de mesure à une autre, et des mouvements isochrones que le musicien fait avec la main ou le pied.

II. DES SIGNES DES DURÉES MUSICALES.

La durée des sons et des silences est représentée par les signes qu'on emploie pour exprimer dans les usages de la vie les quantités numériques, c'est-à-dire, par les chiffres arabes, **1, 2, 3, 4, 5, 6, 7, 8** et **9**. Les chiffres en musique ne forment que des nombres *concrets indéterminés*, c'est-à-dire que le musicien ne connaît pas la quantité horaire représentée par un nombre ; il ne doit voir dans ce signe qu'une *valeur relative*.

Les nombres exprimant les silences sont barrés et n'affectent conséquemment aucune figure. Ceux qui expriment la durée d'un son se placent au-dessus ou au-dessous de la figure.

Pour faciliter l'intelligence du rhythme, le compositeur doit, dans bien des cas, décomposer le nombre ; il se sert pour cela du signe + (*plus*).

Pour éviter le nombre **1/2**, signe composé, le compositeur peut réunir plusieurs demies successives, et écrire le nombre entier, équivalent à ces fractions, au milieu du groupe phonique (**1**).

Éléments de calcul ayant rapport à la musique.

De toutes les branches d'enseignement qui ont été explorées par de savants méthodistes, l'arithmétique est celle qui a été complétement négligée, au moins dans sa partie élémentaire. Il n'est donc pas rare malheureusement, de voir des enfants de **10, 12, 14, 15** ans, qui ne peuvent pas dire promptement ce qu'est un petit nombre par rapport à un autre, ou en d'autres termes, qui ne pourront pas déterminer le rapport de deux petits nombres. Ainsi, si on leur demande ce qu'est **8** par rapport à **16, 24, 32,** etc., ils ne sauront pas que c'est la **1/2**, le **1/3** ou le **1/4**.

Toute la science du rhythme consiste à saisir instantanément le rapport qui existe entre deux nombres ; dire par exemple, ce qu'est **1, 2, 3, 4, 5, 6, 7, 8**, comparé à un nombre plus fort, ou ce qu'est **48, 36, 32, 24, 16, 12**, comparés à des nombres plus petits.

Dans les cas ordinaires les rapports sont très-faciles à saisir ; dans les cas exceptionnels, on les comprendra encore assez facilement, vu qu'étant toujours exprimés par les mêmes chiffres on aura l'occasion de les chercher dans l'étude du solfége.

Groupes réunissant une multitude de rapports sans cesse usités dans la musique (**2**).

32			48		
24		1	36		24
16		2	24		12
8	comparé à	4	12	comparé à	6
4		8	6		3
2		16	3		1
1			1		

(1) L'emploi du nombre 1/2 est très-rare. On verra plus loin qu'il équivaut à la quadruple croche du système usuel, signe très-peu usité.

(2) Moyen d'étudier. — 32 comparé à 1 est 32 fois plus grand, à 2, 16 fois plus grand, etc., etc. 1 comparé à 3 est deux fois plus petit, etc., etc. — *Nota.* On peut laisser les rapports dont la raison ou le résultat n'est pas un nombre entier, comme 24 comparé à 16.

III. DES SIX ESPÈCES DE RHYTHMES (1).

Il existe, au point de vue de la théorie, trois systèmes de numération; le système *octaval*, le *décimal* et le *duodécimal*. Le plus rationnel c'est le système duodécimal, vient ensuite l'octaval; le plus mauvais, c'est le décimal sur lequel est basée l'arithmétique.

La science du rhythme a donc une base beaucoup plus rationnelle que celle de la science des nombres.

Il y a deux genres de rhythmes : le genre octaval et le genre duodécimal.

Du genre octaval.

Le genre octaval est celui dont l'unité de temps est exprimée par 8. Ainsi un son qui dure une unité de mesure a pour signe de durée un 8; donc les durées plus petites seront exprimées par des nombres plus petits, et les durées plus longues, par des nombres plus grands.

Il y a trois espèces de rhythme octaval : le *binaire*, le *ternaire* et le *quaternaire*.

La mesure octavale binaire, ou plus simplement la mesure 2 fois 8, est celle qui se compose de deux unités octavales; donc la somme des durées de cette mesure est 16.

La mesure octavale ternaire, ou plus simplement la mesure 3 fois 8, est celle qui se compose de trois unités octavales; donc la somme des durées de cette mesure est 24.

Le rhythme octaval quaternaire, ou plus simplement la mesure 4 fois 8, est celle qui se compose de 4 unités octavales; donc la somme des durées de cette mesure est 32.

Nota. — Il arrive souvent que la première et la dernière mesure d'une mélodie, ne renferment pas la somme rhythmique indiquée par l'espèce de mesure; mais dans ce cas il y a toujours répétition du commencement du chant; alors la mesure finale incomplète, complète la première mesure. Cette observation s'applique aux mesures duodécimales.

Du genre duodécimal.

Le genre duodécimal est celui dont l'unité de temps est exprimée par 12. Ainsi un son qui dure une unité de mesure, a pour signe de durée 12; donc les durées plus petites sont exprimées par des nombres plus petits, et les durées plus longues, par des nombres plus grands.

Il y a trois espèces de rhythme duodécimal : le *binaire*, le *ternaire* et le *quaternaire*.

Le rhythme duodécimal binaire, ou plus simplement la mesure 2 fois 12, est celle qui se compose de 2 unités duodécimales; donc la somme des durées de cette mesure est 24.

Le rhythme duodécimal ternaire, ou plus simplement la mesure 3 fois 12, est celle qui se compose de trois unités duodécimales; donc la somme des durées de cette mesure est 36.

Le rhythme duodécimal quaternaire, ou plus simplement la mesure 4 fois 12, est celle qui se compose de 4 unités duodécimales; donc la somme des durées de cette mesure est 48.

---

(1) Ces dénominations ont de précieuses qualités : 1° elles sont courtes; 2° le premier chiffre éveille l'espèce et le second le genre; 3° elles se rapportent à nos connaissances arithmétiques; 4° écrites en chiffres, elles ne prennent que l'espace de trois lettres; elles n'exigent qu'un faible travail de mémoire.

Nota. — 1° Quelquefois les mots *binaire*, *ternaire*, *quaternaire*, ont une valeur indépendante du genre de rhythme : on dit la mesure binaire ; ce chant est à trois temps ; ce morceau se joue à quatre temps, en parlant indistinctement du genre octaval ou duodécimal.

2° Il arrive assez souvent qu'une mélodie renferme une ou plusieurs mesures d'un genre différent de celui qui est écrit en tête de l'air ; ainsi un chant écrit avec la mesure 3 fois 8 peut avoir quelques mesures 3 fois 12 ; un chant écrit avec la mesure 3 fois 12, peut avoir quelques mesures 3 fois 8. Ces accidents ne demandent qu'un peu plus d'attention. Ces rhythmes hétérogènes sont annoncés par le changement subit de l'unité de mesure.

Résumé synoptique de la classification rhythmique.

Le genre octaval	binaire ou 2 fois 8, dont l'unité est 8 et le total rhythmique, 16 (1).
	ternaire ou 3 fois 8, dont l'unité est 8 et le total rhythmique, 24.
	quaternaire ou 4 fois 8, dont l'unité est 8 et le total rhythmique, 32.
Le genre duodécimal	binaire ou 2 fois 12, dont l'unité est 12 et le total rhythmique, 24.
	ternaire ou 3 fois 12, dont l'unité est 12 et le total rhythmique, 36.
	quaternaire ou 4 fois 12, dont l'unité est 12 et le total rhythmique, 48.

IV. ADDITION AUX SIX ESPÈCES DE RHYTHMES.

(Voyez les premières pages du solfége.)

1. *Rhythmes hétérogènes* (2).

Les mesures hétérogènes sont des mesures duodécimales qui se trouvent intercalées entre des mesures octavales, ou des mesures octavales qui se trouvent intercalées entre des mesures duodécimales ; ce qui, dans ce dernier cas, est très-rare et très-commun dans le premier.

Ainsi une ou plusieurs mesures 2 fois 12 intercalées entre des mesures 2 fois 8, ou une ou plusieurs mesures 2 fois 8 intercalées entre des mesures 2 fois 12, forment des rhythmes hétérogènes. L'observation de ces mesures n'exige rien de la mémoire, seulement elle demande un peu d'attention.

2. *Rhythmes mixtes.*

Les rhythmes mixtes sont ceux qui étant du même genre se composent de mesures d'espèces différentes. Ainsi une ou plusieurs mesures 2 fois 8 intercalées entre des mesures 3 fois 8, ou *vice versa*, forment des rhythmes mixtes.

3. *Bizarreries rhythmiques.*

Il peut arriver, 1° que 5 ou 7 sons égaux en durée, forment un temps, ce qui est très-rare ; 2° qu'un fragment de 3 ou de 6 sons égaux en durée, appelé triolet ou sextriolet, équivalent

---

(1) Ces six espèces de mesures correspondent à 2/4, 2, 3, 3/8, C — 6/8, 9/8 et 12/8 du système usuel.

(2) Hétérogène signifie d'un autre genre, de nature différente. Par cette classification nouvelle, le *triolet* et le *sextolet* du système usuel paraissant annoncer un fait bizarre, entrent dans la catégorie des mesures ordinaires.

à la durée de 2 ou de 4, et ne forment pas une unité (1); le compositeur a dû placer un nombre rhythmique au milieu du fragment, lequel exprime la durée totale de tous les sons du fragment. Si le fragment de 3 ou de 6 sons formait une unité de mesure, le changement de l'unité par le compositeur, rendrait le rhythme hétérogène.

V. DU MOUVEMENT MUSICAL OU DU MÉTRONOME.

Le mouvement musical est le temps long ou court qu'on met pour faire une unité de mesure. Cette unité est à peu près de 2/8 de seconde dans sa plus petite durée, et de 6/8 dans sa plus longue : dans le premier cas le mouvement musical est très-accéléré et dans le second très-lent.

Chronophone métrique, par Delcamp.

Le chronophone métrique est un instrument composé d'un mètre mobile et d'autres parties accessoires, qui donne, par la longueur plus ou moins grande du pendule, la durée de toutes les unités de mesure usitées dans la musique.

Construction d'un chronophone.

A défaut d'un chronophone sorti des mains du mécanicien (2), tout le monde peut en construire un très-facilement. Voici la marche que doit suivre le musicien : il attachera au commencement d'un de ces mètres qui se vendent cinq centimes un objet un peu lourd; puis on tiendra l'extrémité supérieure avec les doigts, ou on la fixera à un clou, mais à 0 mètre 99½; de cette façon le pendule aura, à partir de l'extrémité inférieure du poids, 9 décimètres, plus 9 centimètres, plus un demi-centimètre; il sera donc arrêté au milieu du centimètre; les oscillations dans cette disposition seront d'une seconde.

Le chronophone nouveau que j'offre aux musiciens est basé sur ce fait; pour avoir toutes les oscillations exprimant toutes les variétés d'unité de mesure, il faudra donc allonger ou raccourcir le pendule d'un nombre de centimètres déterminé; pour cela il suffira de faire une petite ouverture à l'objet qui suspend l'appareil, faire passer le mètre; et l'arrêter avec une épingle au centimètre convenu. On doit se rappeler que la rapidité des oscillations est en rapport inverse avec la longueur du pendule; c'est-à-dire que plus le pendule est court et plus les oscillations sont rapides, et plus le pendule est long et plus elles sont lentes; les compositeurs doivent mettre un nombre chronophonique, qui indiquera en centimètres la longueur du pendule dont les oscillations donnent une unité de mesure; par ce nombre on aura exactement l'unité de temps, puisque le compositeur sera libre de choisir sur le mètre, qui est divisé en 100 parties, la longueur du pendule (3).

---

(1) Le solfége d'Italie n'offre aucun cas semblable; je n'ai trouvé ce fait bizarre que dans la chanson de *La Bouquetière du roi*, de M. Clemenceau.

(2) Le métronome Maelzel coûte plus de quinze francs : sur 30 musiciens il s'en trouve à peu près un qui soit pourvu de cet instrument. Le chronophone nouveau coûte à peu près un franc.

(3) Le mouvement musical étant fixé dans beaucoup de morceaux de musique par un nombre ayant rapport au métronome pyramidal, il suffira, pour apprécier le mouvement ainsi exprimé, de donner au pendule la longueur déterminée dans

VI. OBSERVATION DU RHYTHME.

Observer le rhythme signifie faire durer chaque son et chaque silence un temps relatif, exprimé par le nombre rhythmique.

Pour faciliter l'observation de la mesure on a créé la mesure, l'unité rhythmique, les divisions de la mesure, les mouvements isochrones, la langue rhythmique, le rhythme chanté, et les chœurs rhythmiques.

1° *De la mesure.*

Les mélodies se composent de phrases qui ont entre elles certains rapports. Les phrases ou parties de phrases se composent généralement de quatre fragments mélodiques qui varient en longueur, et qui sont plus ou moins isolés : ces fragments portent le nom de mesure; parce qu'elles servent à mesurer la longueur temporaire d'une mélodie. En effet, supposez qu'un chant se compose de 32 mesures et que chaque mesure dure une seconde, si le rhythme est bien observé, le chant devra être reproduit dans 32 secondes.

Dans le plus grand nombre de cas, huit mesures forment une phrase mélodique et quatre, une partie de phrase.

Les compositeurs déterminent graphiquement ces mesures, en plaçant aux extrémités une ligne perpendiculaire qu'on appelle *barre de mesure*, comme dans la langue française, les grammairiens intercalent, entre des signes de ponctuation, des éléments de phrase. L'attention du musicien par ce moyen se trouve soulagée, puisqu'elle ne se porte que sur une portion très-petite de la mélodie.

2° *De l'unité rhythmique.*

L'unité rhythmique est une durée conventionnelle, temporairement indéterminée, mais déterminée par un mouvement du métronome, instrument dont on parlera bientôt, ou par le musicien qui fait pour cela deux, trois ou quatre mouvements isochrones avec la main ou le pied. L'un de ces mouvements est une unité rhythmique qui sert de terme de comparaison, pour la valeur des nombres rhythmiques.

---

la table suivante, où chacune des 30 variétés d'unité de mesure est suivie d'un nombre indiquant, en centimètres, la longueur du pendule donnant la même durée.

MÉTRONOME.	CHRONOPHONE.	MÉTRONOME.	CHRONOPHONE.
50	115	92	42
52	129	96	38 1/2
54	119	100	35
56	111	104	33 1/2
58	104	108	31
60	95	112	28
63	88	116	26 1/2
66	79	120	25
96	73	126	22
72	69	132	20
76	61	138	18 1/2
80	55	144	17 1/2
84	50	152	15 1/2
88	45 1/2	160	14 1/2

L'unité rhythmique porte le nom d'unité de temps ou plus simplement le nom de temps ; ainsi au lieu de dire deux, trois ou quatre unités, on dit : deux, trois ou quatre temps.

3° *Division de la mesure.*

Pour faciliter encore l'observation du rhythme, on divise la mesure, toutes les fois que la variété des sons le permet, en deux, trois ou quatre parties, selon que la mesure est binaire, ternaire ou quaternaire, qu'on sépare pour cet effet, en laissant entre eux un grand espace et en rapprochant les signes phoniques qui composent le temps : le signe + (*plus*), dans ce cas, est d'une utilité incontestable.

4° *Des mouvements isochrones.*

Pour mieux observer la mesure et conséquemment le rhythme, on fait avec le pied droit ou la main droite divers mouvements dans des temps égaux.

Pour la mesure binaire on fait deux mouvements en suivant deux fois de haut en bas et de bas en haut, la direction d'une ligne perpendiculaire imaginaire; le premier temps se fait en baissant la main et l'autre, en la levant.

Au début on dit *frapper*, *lever*, plus tard, 1, 2, ensuite on ne dit rien.

Pour la mesure ternaire on fait trois mouvements en suivant la direction d'un triangle imaginaire dont le sommet est dirigé vers le haut ; on baisse la main, puis on la dirige vers la droite, ensuite on la lève en revenant au point d'où l'on est parti.

Au début on dit : *frapper*, *à droite*, *lever*, plus tard, 1, 2, 3, ensuite, rien.

Pour la mesure quaternaire on parcourt deux fois un angle droit imaginaire; on baisse la main, on la dirige vers la gauche, on revient par le même chemin sur la droite, puis on la lève.

Les commençants doivent dire : *frapper*, *à gauche*, *à droite*, *lever*, plus tard, 1, 2, 3, 4, ensuite, rien.

5° *De la langue rhythmique.*

Une langue rhythmique est une série de mots représentant toutes les durées des sons. Cette langue a pour but, 1° d'isoler complétement la science rhythmique de la science phonique, de l'incorporer en quelque sorte à l'arithmétique, et donner par là une précision plus mathématique à l'exécution musicale; 2° de mettre tout professeur, connaissant les éléments de l'arithmétique, à même d'enseigner la science du rhythme ; 3° de faciliter d'une manière étonnante l'étude de la mesure ; 4° de faciliter l'intonation en rendant simple une étude complexe ; c'est-à-dire en s'exerçant d'abord aux difficultés du rhythme, pour porter ensuite une attention plus sérieuse sur les difficultés phoniques.

Cette langue est à l'observation de la mesure, ce qu'est la solmisation à la connaissance d'un air.

Règle unique. — Les nombres, exprimant les durées des sons, s'articulent, dans les exercices rhythmiques, en les nommant plus ou moins vite selon leur valeur numérique déterminée par les mouvements binaires, ternaires ou quaternaires. Exemple : Si le nombre 16 compose une mesure binaire, on met deux temps pour dire *seize*.

Nota. — 1° Le 4 s'appelle *ti* ; le 1 s'appelle *te*, la 1/2, *de* ; 2° les nombres forts qui ont un certain nombre de syllabes se nomment en articulant la première ou les deux premières syllabes : 24 s'articule vingt....., 32, tren....., 48, quaran....., 36, tren..... Ces nombres, au reste, sont à peu près les seuls dont la nomination soit légèrement modifiée ; 3° les nombres exprimant les durées des silences, ne se nomment pas.

Exemple de la langue rhythmique relatif à la mesure binaire.

1er et 2e temps.	1er t. 2e t.	1er t. 2e t.	1er t.	2e t.
16	8 8	4 4 4 4	2 2 2 2	6 2
sei....ze.	huit huit.	ti ti ti ti.	deux deux deux deux	six deux, etc.

6° *Rhythme chanté.*

Le rhythme chanté est une série de mesures exclusivement rhythmiques, qu'on chante en supposant au-dessous les éléments de la gamme majeure ou mineure, et en faisant les mouvements isochrones.

On commence d'abord à la hauteur du do ; arrivé à la fin de la phrase, on revient au commencement sans discontinuer, mais à l'unisson du ré, ainsi de suite jusqu'au do huitième.

On peut descendre, si le professeur le juge convenable, comme on est monté.

Avant de chanter ainsi ces exercices rhythmiques, on doit nommer les nombres en mesure, en pratiquant la langue rhythmique.

7° *Chœurs rhythmiques.*

Il est indispensable, dans l'étude des faits musicaux si nombreux, de ne présenter à l'esprit de l'élève que des difficultés exclusivement rhythmiques ou phoniques.

Dans les exercices rhythmiques, nous avons dû chercher le moyen de rendre les opérations abstraites et fatigantes de calcul plus agréables, nous avons ajouté quelques sons n'offrant aucune difficulté dans leur reproduction et lesquels cependant jettent quelques charmes sur la pratique aride de la mesure. Ces exercices sont propres à préparer les élèves à chanter en chœur.

Première règle. — Les sons dans chaque partie suivent toujours un ordre diatonique et durent toujours une mesure.

Deuxième règle. — Ils donnent l'intonation du langage rhythmique des mesures qui les suivent.

CHŒURS (PHONIQUES ET RHYTHMIQUES).

(Voyez à la 68 du solfége.)

VII. DES AGRÉMENTS RHYTHMIQUES.

Les modifications du mouvement musical qui n'ont lieu qu'en ralentissant ou en accélérant le mouvement primitif, sont très-fréquentes dans la musique moderne. Elles ont pour but de mieux exprimer les différentes nuances de sentiment que le compositeur a voulu peindre.

Elles sont donc propres à fixer l'attention des auditeurs et à varier les impressions qu'une mélodie trop monotone, dans ses mouvements, ne saurait produire.

Tableau des agréments rhythmiques.

Chanter ou jouer {
Très-vite.
Bien vite.
Vite.
MÉTRONOMIQUEMENT.
Lentement.
Bien lentement.
Très-lentement.

Nota. — 1° Les mots composant la série des six modifications rhythmiques sont placés dans un ordre gradué : ils expriment tous les mouvements intermédiaires entre le mouvement *très-vite* et le mouvement *très-lent.*

2° Le mouvement général d'une mélodie est métronimique.

3° Les six mots ci-dessus n'ont pas de valeur absolue ; ils expriment une modification du mouvement mathématique indiqué par le numéro du métronome.

Mouvement progressif. {
Accélération progressive.
Ralentissement progressif.

Explication. — L'accélération progressive consiste à changer à chaque son la durée de l'unité de temps en la rendant toujours plus petite.

Le ralentissement progressif consiste à changer à chaque son la durée de l'unité de temps en la rendant plus longue. La longueur de cette accélération ou de ce ralentissement est indiqué par la nature du sujet. Généralement cette progression du mouvement est inséparable de la progression dans le même sens de l'intensité de l'émission du son.

Les huit expressions ci-dessus, étant vagues de leur nature, ne doivent être considérées que comme une indication d'un mouvement modifié : le musicien ayant la pratique de la musique doit s'identifier avec la mélodie, afin de lui donner un sens convenable.

Les compositeurs doivent déterminer, par un nouveau nombre métronimique, le changement du mouvement musical, lorsque la modification est très-sensible.

VIII. DE L'ASPIRATION (1).

L'aspiration est le silence très-court qu'on fait en chantant dans le but d'éviter un hiatus, de respirer au milieu d'un fragment trop long, ou de rendre l'émission des sons très-saccadée.

L'aspiration est exprimée par une virgule qu'on place au-dessus du son, un peu vers la droite.

---

(1) Dans le système usuel, les compositeurs ont bien tort d'employer les signes de silence dans le cas où j'emploie l'aspiration ; ils compliquent inutilement les signes musicaux.

IX. PONCTUATION MUSICALE.

L'art de la ponctuation musicale consiste à placer les signes de ponctuation là où un fragment mélodique a un sens plus ou moins complet, ce qui n'intéresse que le compositeur; et observer la ponctuation musicale, n'est autre chose qu'observer la mesure.

Mais comme il importe beaucoup, pour les élèves qui étudient une mélodie, que chaque phrase ou portion de phrase soit bien distincte, il faut placer, à la fin de chaque fragment ayant un sens complet ou incomplet, un bâton de cadence.

Il y a deux bâtons de cadence, le *grand* et le *petit*. Le grand dépasse la portée et annonce que le fragment mélodique a un sens complet : il est au sens musical, ce qu'est le point au sens grammatical. Ce fragment est presque toujours terminé par le prima.

Le petit bâton de cadence est de la hauteur de la portée, et annonce que le fragment mélodique a un sens incomplet; ce fragment est généralement terminé par un son autre que le prima; habituellement c'est le *quinta*, le *tierça* et le *seconda;* il joue en musique le rôle que jouent, dans la langue française, la virgule, le point-virgule et les deux points.

X. FAITS MUSICAUX RELATIFS AU SON ET AU RHYTHME.

1° *Des répétitions.*

Afin de ne pas augmenter l'écriture musicale inutilement, on emploie quelques signes de répétition, qui annoncent qu'une phrase ou un fragment mélodique, doit être répété : de là facilité dans la lecture musicale et économie dans l'impression.

1° Pour indiquer qu'on doit répéter immédiatement une phrase mélodique ou une portion de phrase, on met à la fin le mot *bis;* si la phrase doit être répétée après un autre fragment, on met en tête la lettre A, B, ou C, etc., selon la phrase qu'on veut désigner; car dans une mélodie il peut arriver que plusieurs fragments sont répétés dans diverses circonstances; alors le mot bis s'écrit bis A, bis B ou C selon la phrase qu'on veut indiquer. Souvent on écrit aussi bis B, par exemple, en ajoutant : au huitième aigu, ou au huitième grave.

2° Un fragment final se trouve modifié par suite de la répétition d'un fragment qui peut le précéder; le dernier est affecté des mots : première fois, deuxième fois ou troisième fois.

2° *Des abréviations.*

Les abréviations se composent de la première ou des premières lettres des mots qui forment la technologie musicale. La plupart de ces lettres ont rapport aux nuances phoniques, aux termes d'expression et aux modifications du mouvement musical.

En voici quelques-unes. Le mot *idem* ou *id* ne s'emploie généralement que dans les accompagnements : il signifie le même accompagnement que le précédent. Maj., min., mét., sont les abréviations de majeur, mineur, métronome.

Je crois inutile de donner les autres, vu que leurs initiales éveillent facilement l'idée des mots qu'elles rappellent.

3° *De l'étoile.*

L'étoile, signe que tout le monde connaît, sert à indiquer au musicien un écueil qu'il doit éviter, ou en d'autres termes une difficulté phonique ou rhythmique qui demande une attention particulière.

Si l'étoile est suivie d'un *s*, le fait qui est signalé à l'attention du musicien est relative au son. C'est généralement dans les modulations que l'étoile existe.

Si l'étoile est suivie d'un *r*, la difficulté est rhythmique. C'est généralement dans les mesures mixtes et hétérogènes que l'étoile doit paraître.

4° *Sténographie musicale* (pl. A, fig. B).

Un système musical pour être complet, doit offrir une notation expéditive, aux compositeurs, et aux professeurs qui font des cours publics. Elle ne doit offrir que peu de travail; conséquemment elle doit dériver d'une notation rationnelle. Sous ce rapport mon système sera, par rapport à la science musicale, ce qu'est l'alphabet ordinaire et les signes sténographiques à la langue française.

Les sept signes sténographiques, exprimant les sept sons naturels, sont dérivés des sept figures gammiques : ils sont généralement formés de la ligne formant la moitié du contour des figures gammiques; ainsi le *do* sera représenté par un angle droit; le *ré*, par un angle aigu dont le sommet est dirigé vers la gauche; le *mi*, par un gros point noir; le *fa*, par une demi-circonférence; le *sol*, par un arc et son centre; le *la*, par un demi-ovale et le *si*, par un angle aigu ayant son sommet dirigée vers le haut. Ces signes sont légèrement modifiés pour exprimer les dièses et les bémols : cette modification est identique à celle des figures gammiques qui a lieu pour les sons intermédiaires. Ainsi, pour les dièses, la ligne additionnelle se place sur la droite et se dirige vers le haut; pour les bémols, elle se place à gauche et se dirige vers le bas.

On pourrait évidemment écrire ces signes sténographiques sur la portée quintenaire; mais comme la sténographie doit avoir pour but une grande simplification, il faut écrire la gamme principale sur une ligne affectée d'un nombre octaval si on veut, la gamme à l'aigu au-dessus et la gamme grave au-dessous.

Les nombres rhythmiques sont inutiles :

1° lorsque les sons composant une mesure sont égaux en durée;

2° lorsque le son dure un temps ou une mesure;

3° lorsque les sons composant un temps sont égaux en durée; ce qui nécessite la séparation des temps.

Nota. — Les autres détails, comme l'indication de la mesure, des nuances phoniques, etc., s'écrivent comme il est indiqué dans la méthode.

5° *De la traduction musicale.*

CHAPITRE TRANSITOIRE.

La traduction musicale est l'art de traduire une mélodie écrite selon le système usuel, dans une notation nouvelle, de manière que tous les faits phoniques ou rhythmiques soient exactement les mêmes.

Cette traduction n'est qu'une nécessité passagère; car, lorsque les néophytes de la nouvelle notation seront nombreux, les éditeurs de musique s'empresseront de faire imprimer les nouvautés musicales selon cette nouvelle langue. En attendant cette époque, je ferai graver un nombre assez considérable de mélodies dans tous les genres, pour que les élèves soient dégagés des règles de la traduction.

L'art de traduire dans la nouvelle notation est rendu très-facile par les nombreux rapports qui existent entre le système usuel et ma notation. En effet, 1° la partie tertiaire se compose des trois premières lignes de la portée quintenaire, armée de la clef de bol; donc les 7 positions de celle-ci sont exactement les mêmes que les 7 premières positions de celle-là; 2° chaque signe de durée du système usuel, comme la ronde, la noire et la pause, etc., correspond à un nombre qui exprime exactement la même quantité temporaire.

De ces rapports découlent les règles suivantes dont les unes ont rapport aux sons et les autres au rhythme.

Traduction des sons générateurs.

1° Le premier travail du traducteur consiste à chercher le prima de la mélodie qu'il veut traduire. J'ai déjà dit que tout les primas n'occupaient que sept positions, parce que les satellites occupent les mêmes positions que le son substitué; donc le prima sera toujours exprimé par l'une des sept positions de la portée quintenaire. Remarquez bien que le choix du prima est facultatif entre le prima réel ou son huitième.

2° Le prima est implicitement déterminé par l'armure, ou en d'autres termes par le nombre de bémols ou de dièses qui se trouvent au commencement de la portée. Ainsi le musicien qui connaît bien la théorie musicale, sait que l'armure qui se compose d'un dièse annonce la gamme de *bol*; donc il suffira de consulter un tableau où dans une colonne sera le nombre de dièses ou de bémols, suivie d'une autre colonne où seront respectivement les primas déterminés implicitement par l'armure. Mais l'usage des clefs fait changer la nature des positions, donc il faudra autant de colonnes à droite des deux premières, qu'il y a de clefs; colonnes qui devront indiquer là où se trouve le prima, dans une portée armée d'une clef et d'une armure quelconque.

Privé de ce tableau on peut trouver très-facilement le prima en voyant l'armure; voici la règle.

Si elle se compose d'un ou de plusieurs dièses, le prima réel ou apparent est le second aigu du dernier dièse.

Si l'armure est composée d'un ou de plusieurs bémols, le prima réel ou apparent est le quatrième grave du dernier bémol.

3° Le prima étant trouvé sur la portée affectée de n'importe quelle clef et de quelle armure, le seconda, le tierça, le quarta, le quinta, le sixta et le septa se trouveront successivement au-dessus; au-dessous seront successivement : le septa, le sixta, etc.

4° Les sept premières positions de la portée quintenaire, ai-je dit, sont identiques aux sept positions de la portée tertiaire; il suffira donc de poser le carré sur le signe de position de la portée tertiaire identique à celui de la portée quintenaire où le prima se trouve.

5° Le prima ainsi posé, les autres figures occuperont au-dessus ou au-dessous du carré des positions absolument semblables à celles des sons de la portée quintenaire. Ainsi, si la figure qui vient après le prima monte de 4 degrés, le demi-cercle qui représente le quarta, se placera au quatrième degré.

Nota. — 1° Il ne faut pas oublier qu'au-dessous et au-dessus de la portée tertiaire principale, il y a un interligne et demi qui donne, avec la ligne supplémentaire, deux signes de position.

2° Il faut se rappeler, pour faciliter la traduction, que les huitièmes occupent des positions semblables dans la nouvelle notation ; tandis que, dans le système usuel, les positions octavales sont opposées, c'est-à-dire que si l'une est linéaire l'autre est interlinéaire.

6° Les règles qui précèdent ont rapport principalement à la recherche du prima d'une gamme majeure. Ce prima réel ou apparent déterminé, il faudra s'assurer s'il est prima d'une gamme majeure, ou le tierça aigu d'une gamme mineure ; en d'autres termes si la mélodie est composée des éléments d'une gamme mineure ; si la gamme est mineure, le prima réel sera le troisième grave au-dessous du prima apparent.

Voici les moyens de connaître le genre d'une gamme.

1° Si le troisième son grave du prima apparent termine l'air, la mélodie est mineure ; si au contraire il est terminé par le prima apparent, il n'est plus apparent, il est réel.

2° Si au-dessous du troisième son grave du prima apparent il y a un son intermédiaire annoncé par un dièse, donnant un petit intervalle entre ce son et le précédent, c'est un signe à peu près certain que la mélodie est mineure ; si dans plusieurs fragments le même fait se reproduit, alors il n'y a guère plus de doute sur le caractère de la mélodie : elle est mineure.

Nota. — Il est au reste, au point de vue de la pratique, à peu près inutile de se préoccuper, si la gamme est mineure ; le traducteur prendrait pour prima réel, le prima apparent, la traduction serait régulière ; seulement la gamme mineure serait exprimée par la série *la*, *si*, *do*, *rè*, *mi*, *fa*, *bol*, *la* ; au lieu d'être exprimée par *do*, *rè*, *mou*, *fa*, *bol*, *lou*, *sou*, *do*.

7° Le prima d'une mélodie mineure étant trouvé sur les sept premières positions de la portée quintenaire, il faudra placer à la position correspondante de la portée tertiaire, le carré, le seconda, le tierça appelé *mou*, le quarta, le quinta, le sixta appelé *lou*, et le septa appelé *sou*, se placeront successivement au-dessus. En analysant la mélodie écrite sur la portée tertiaire, il faudra bien se rendre compte de l'ordre numérique de chaque son de la gamme ; en d'autres termes il faudra se dire : ce son est-il seconda, tierça, quarta ? etc. La réponse amènera la figure que représente le son et la position diagrammique correspondante où elle doit être placée ; car tierça, cercle, troisième position gammique, par exemple, sont des signes qui expriment le même fait, lesquels ne diffèrent que relativement au rôle qu'ils jouent dans telle série de faits. On peut joindre à l'exemple précédent le nom mnémonique *mou* qui exprime un tierça mineur différent du tierça majeur, mais lesquels ont entre eux de propriétés communes.

Nota. — Le tableau de chaque espèce de gamme, donne, à côté de la portée quintenaire exprimant cette gamme, les figures exprimant sur la portée tertiaire la même gamme : en le mettant devant soi quand on traduit, on aura un guide infaillible.

Traduction des sons accidentel.

1° Les sons accidentels annoncés par un dièse ou par un bémol, se traduisent par la figure gammique correspondant au signe de position, exprimant le son accidentel, modifié par l'addition d'une ligne droite qu'on place à droite, si c'est un dièse, et à gauche si c'est un bémol.

Nota. — 1. Les compositeurs quelquefois répètent dans quelques mesures un dièse ou un bémol écrit à l'armure, il faudra bien se garder dans ce cas de considérer ce signe comme annonçant un son accidentel. Ces négligences ont lieu souvent après une mesure renfermant un son accidentel. Le bécarre sert à faire disparaître un son accidentel; ce qui veut dire que le son qui suit ce signe est un son naturel dans la nouvelle notation.

2. Le dièse et le bémol, étendant leur valeur sur tous les sons de la mesure où ils se trouvent, occupent, bien entendu, la position où se trouve l'un ou l'autre de ces signes : le bécarre seul a la propriété de restreindre l'étendue de la signification de ces deux signes.

2° Les sons accidentels annoncés par un bécarre qui détruit un dièse ou un bémol de l'armure, se traduisent de la manière suivante :

A. Si le bécarre détruit un dièse, le son qu'il exprimait est remplacé par un son plus grave; donc il est traduit sur la portée tertiaire par un bémol.

B. Si le bécarre détruit un bémol, le son qu'exprimait ce signe est remplacé par un son plus aigu; donc il est traduit sur la portée tertiaire par un dièse.

3° Le double dièse et le double bémol ont exactement la même signification que le dièse et le bémol; ils annoncent, l'un un son plus aigu d'un demi-degré et l'autre un son plus grave d'un demi-degré. Ces deux signes ne portent un nom différent que parce qu'ils se placent entre deux sons consécutifs représentés chacun par un dièse ou par un bémol.

Traduction des sons d'agrément.

Les sons d'agrément se traduisent exactement comme les sons constitutifs d'une gamme, seulement on peut faire les figures plus petites; en outre, elles ne doivent pas avoir de nombre rhythmique, ce qui suffirait pour les faire connaître; car leur durée est partagée avec celle du son constitutif.

Traduction des nuances phoniques.

Les nuances phoniques ayant, à peu de chose près, les mêmes signes dans les deux systèmes, la traduction des signes qui les expriment ne peut offrir aucune difficulté sérieuse.

Traduction des renvois et des répétitions.

Les renvois dont les formes varient beaucoup, se traduisent par le mot *bis*, suivi de A, B, etc., pour annoncer le fragment à répéter.

Traduction des signes de durée.

La traduction de ce qu'on appelle ronde, blanche, etc., pause, etc., est très-facile : le tableau de ces deux sortes de signes mis en regard l'un de l'autre et les règles qu'on va décrire suffiront pour faire une traduction exacte.

1° Le point, le double point, le triple point et le quadruple point qui accompagnent souvent les signes rhythmiques sont des signes additionnels ; c'est-à-dire que le signe qui est ainsi affecté exprime une durée plus longue que s'il était simple.

Le *point* donne un signe composé qui équivaut au signe primitif, plus la moitié de ce même signe.

Le *double point* donne un signe composé qui équivaut au signe primitif, plus la moitié et le quart de ce signe.

Le *triple point* donne un signe composé qui équivaut au signe primitif, plus la moitié, le quart et le huitième de ce même signe.

Le *quadruple point* donne un signe composé qui équivaut au signe primitif, plus la moitié, le quart, le huitième et le seizième de ce même signe.

2° En outre des points, on emploie forcément quelquefois un arc qui couvre les deux signes qu'on doit additionner par la pensée.

3° Quand il existe un triolet ou un sextolet, c'est-à-dire un groupe de 3 ou 6 sons, ce groupe appartient à une mesure duodécimale ; il faut dans ce cas à la place de l'unité 8, l'unité 12, et changer les autres signes de valeur, en conservant entre eux les mêmes rapports.

4° Certains chants ont un total rhythmique qui égale 12, mesure qu'on appelle 3/8, laquelle devrait être bannie depuis bien longtemps de la musique : c'est la superfétation musicale la plus absurde ; cette mesure équivaut à celle qu'on appelle 3/4 ; seulement la mélodie s'exécute plus vite. Dans la traduction il faudra toujours doubler chaque nombre rhythmique.

Il existe encore quelques rhythmes aussi mal écrits que la mesure 3/8 ; mais les compositeurs modernes les ont à peu près supprimés de la théorie musicale. Dans tous les cas, le musicien devra les rapporter aux six espèces de rhythmes que j'ai décrits.

Traduction des modifications rhythmiques.

Si le nombre métronimique existe en tête de la mélodie, on pourra le traduire en consultant le tableau des rapports entre le métronome pyramidal et le mien. Quant aux mots qui sont au commencement de l'air, il sera préférable d'étudier le caractère de la mélodie que de s'efforcer à chercher dans ces mots, généralement vagues, la pensée du compositeur. Le point d'orgue, qui est un arc au milieu duquel il y a un point, se traduit par ces mots : *très-lent*.

6° *Du mode d'enseignement.*

Un mode d'enseignement est la détermination des rapports qui doivent exister entre les professeurs et ses élèves ou entre les élèves. Si le professeur a des rapports individuels, le mode est *individuel* ; s'il enseigne à un groupe, comme s'il donnait des leçons à un seul élève, il pratique le mode *simultané* ; si les groupes sont nombreux et que des élèves d'une certaine force soient chargés d'enseigner aux élèves qui les composent, sans rien enlever de la direction et de l'impulsion générale que donne le directeur professeur, on pratique le *mode mutuel*.

De ces définitions on peut comprendre un quatrième mode qui tiendrait le milieu entre les deux derniers et qu'on appellerait *mixte*.

Le mode mixte consiste à diviser les matières de l'enseignement ou des divers faits qui s'y rattachent en deux catégories : ceux qui demandent une certaine intelligence ou certains talents, et ceux qui ne demandent que de la mémoire, ou l'application de quelques organes. La première est confiée exclusivement au professeur et la deuxième aux élèves qui se font remarquer par un esprit et un savoir exceptionnels.

Ainsi dans le plus grand nombre de cas et en me plaçant à l'état de l'enseignement en France, où la jeunesse est confiée à près de cinquante mille instituteurs, lesquels conséquemment n'ont à diriger que des groupes d'élèves dépassant rarement le nombre cinquante, le mode simultané tel qu'il est généralement pratiqué, est le mode que je puis pratiquer dans l'enseignement de la musique, selon ma notation monogammique, avec des avantages très-précieux.

Le mode mixte, tel que je l'ai défini, pourrait être pratiqué lorsque les élèves dépasseraient dans les écoles le nombre cent.

Pour les adultes, la pratique du mode simultané, même avec cinq cents élèves, est préférable aux combinaisons les plus ingénieuses du mode mutuel. Ceci ne tient qu'à la simplicité de l'écriture nouvelle; la théorie, surtout la partie qui touche à la pratique, sera sue de tous les élèves indistinctement ; mais comme le perfectionnement des organes n'est pas le même dans toutes les personnes, les élèves peu favorisés de la nature en fait de qualités musicales, pourraient suivre deux cours au lieu d'un. On comprendra combien ceci est facile quand on sera convaincu qu'un cours pour les adultes dépassera rarement vingt leçons.

Dans les maisons d'éducation on soigne particulièrement les enfants les plus âgés et pour la théorie et pour la pratique, de manière qu'ils puissent très-bien lire la musique en quittant l'établissement. Quant aux enfants de 5, 6, 7, 8 ans, ils développent l'organe de l'ouïe par l'audition, celui de la voix par l'imitation, et le sentiment du rhythme en entendant des mouvements réguliers ; lorsque leur intelligence est plus développée par l'âge, ils se trouvent admirablement préparés pour étudier la musique comme science et comme art.

On conçoit que de plus grands détails sont ici inutiles ; après l'adoption de mon système par les administrations publiques, je pourrai indiquer d'une manière plus précise, tout ce que les professeurs auraient à faire dans cette circonstance.

La substitution du mode simultané au mode mutuel est encore un avantage que sauront apprécier les professeurs qui connaissent tous les inconvénients du mode mutuel dans l'enseignement du chant.

Cette substitution ne pouvait se faire que par la pratique d'un système monogammique, c'est-à-dire d'un système où la théorie peut être comprise dans quelques leçons par des enfants.

Les élèves ne seront donc plus abandonnés au demi-savoir d'élèves peu musiciens pour l'appréciation du son et du rhythme. C'est l'usage du tableau-solfége qui donne principalement le moyen d'enseigner à des masses d'enfants ou d'adultes par le mode simultané. Cependant j'ai la conviction que le principe de mutualité peut avoir encore ses applications dans l'enseignement de la musique : la récitation des principes de musique, les questions sur la théorie, certains exercices de mesure, la connaissance des figures, en un mot tout ce qui est du domaine de la mémoire, peut être enseigné aux enfants par les enfants, c'est-à-dire par le mode mutuel ; mais tout ce qui tient à l'art, c'est-à-dire à l'intonation, ils sont, sauf quelques rares exceptions, incapables de l'enseigner.

Solfége.

Un solfége est une collection d'exercices musicaux renfermant, à peu près, toutes les difficultés phoniques et rhythmiques connues.

De cette définition on doit conclure qu'il y a le solfége des gens du monde, des artistes, et des solféges pour chaque espèce de voix.

Les études musicales qu'un méthodiste peut offrir au public, doivent avoir un caractère d'universalité tel, qu'elles puissent convenir à tout le monde, sauf quelques exceptions.

Un solfége universel doit être à la musique, ce que sont au dessin en général, les traités de dessin linéaire, d'arithmétique, de tenue de livres, qui donnent les principes généraux, et qui mettent les élèves à même de vaincre des difficultés inhérentes à des situations particulières.

Les exercices vocaux qui font partie de ma méthode générale, servent :

1° à faire comprendre la théorie musicale par des exemp[illegible]tiques ;

2° à donner la mémoire de tous les sons pris dans toute[illegible]sitions imaginables, conséquemment à donner l'art de solfier un air quelconque ;

3° à rompre les élèves sur toutes les difficultés connues de la mesure ;

4° à donner aux élèves le talent de chanter sans professeur et sans instrument un air quelconque, sans études préalables ou après quelques minutes d'exercice.

Mon solfége se composera donc d'exercices :

1° sur les six espèces de rhythmes ;

2° sur les sons générateurs de la gamme majeure et mineure ;

3° sur les dièses accidentels des gammes majeures et mineures, ou en d'autres termes sur les modulations passagères des gammes à dièses ;

4° sur les bémols accidentels des gammes majeures et mineures, ou en d'autres termes sur les modulations passagères des gammes à bémols ;

5° sur les modulations prolongées ;

6° sur la plupart des gammes majeures et mineures ayant pour sons constitutifs un ou plusieurs dièses ou bémols ;

7° sur les agréments phoniques et rhythmiques, et les mots exprimant des répétitions ;

8° sur la simultanéité des sons, afin d'habituer les élèves à chanter à deux, trois, quatre parties ;

9° pour servir d'exemple aux règles principales de l'harmonie de la gamme majeure en parallèle avec des *exercices semblables* relatifs à la gamme mineure ;

10° sur la portée du *papier-musique*.

Observations générales sur les exercices vocaux.

1° Mes exercices de solfége en général sont peu mélodieux ; les phrases mélodiques ne sont pas dessinées comme dans les œuvres des grands maîtres ; leur liaison est incertaine, capricieuse, bizarre.

Voici mes motifs : les fragments symétriques, qui sont si nombreux dans les solfèges et les morceaux de chant, favorisent la paresse de l'oreille, et laissent l'esprit dans l'inertie, vu que les phrases qui suivent sont facilitées par celles qui précèdent, puisque les durées sont égales respectivement, et que les sons, dans le plus grand nombre de cas, sont semblables. Dans mes études vocales au contraire, l'attention est sans cesse réclamée ; l'esprit pour le rhythme, et l'oreille pour le son, sont sans cesse sur le qui-vive, et chose bien précieuse, c'est que ces petites études étant vraiment difficiles à confier à la mémoire, elles seront pour l'élève, un sujet d'exercice utile à une époque quelconque des études musicales.

« Les premiers solfèges qu'on donne aux enfants ne sont que des sons pris presque au » hasard ; on leur donne même des chants insignifiants, de peur que leur oreille ne les » guide plutôt que leur intelligence. » (Gaetry, passage cité par Pastou).

Je donnerai cependant une indication sommaire des exercices symétriques à faire sur mon tableau-solfège, pour donner aux enfants le sentiment des beautés mélodiques, et pour mieux seconder les élèves ayant peu d'intelligence ou peu de dispositions musicales.

2° En fait de rhythme et de solmisation, on peut s'occuper exclusivement d'une mesure pendant quelques secondes ; puis on attaque la suivante en ajoutant la première ; ainsi de suite en réunissant une nouvelle mesure aux précédentes.

3° Dans chacun des exercices on devra généralement procéder de la manière suivante.

1° Rhythme.

2° Solmisation sans mesure.

3° Solmisation en mesure dans le premier mouvement.

4° Solmisation dans le mouvement 100, ensuite 80, 60, 40 et 20.

5° Solmisation en écrevisse (1).

6° Solmisation des mesures impaires (2).

7° Solmisation des mesures paires (3).

8° Vocalisation articulée.

9° Vocalisation liée.

10° Chant par les syllabes.

11° Observation des nuances en chantant.

---

(1) En commençant par la fin.
(2) 1re, 3e, 5e, etc.
(3) 2e, 4e, 6e, etc.

DEUXIÈME PARTIE.

PHILOSOPHIE DU NOUVEAU SYSTÈME.

La philosophie des signes qui constituent le nouveau système monogammique, n'est autre chose que le plus ou le moins de conformité de ces signes avec l'intelligence humaine.

Mon but sera donc de prouver que chaque partie de la nouvelle notation est plus conforme aux exigences de la logique et de la didactique que les faits correspondants du système usuel.

Dans cet aperçu, je ne m'occuperai que des points culminants de la nouvelle musicographie. Il se divisera naturellement en deux parties : signes phoniques, signes rhythmiques; j'y joindrai une troisième partie que j'appellerai, considérations particulières.

I

SIGNES PHONIQUES.

Considérations générales.

Le son est le fait dominant de la musique. Ceci est tellement vrai qu'il y a eu et qu'il peut y avoir de la musique sans rhythme et qu'il ne peut pas y avoir de la musique sans son.

Le son et les facultés qui concourent à sa reproduction, sont essentiellement dans la catégorie des faits physiques. Les sons jouent le plus grand rôle dans cette partie essentielle de l'art qui m'occupe.

Il faut donc que le méthodiste, convaincu de ce fait, crée des signes propres à agir fortement sur les sens. C'est là à mes yeux une condition essentielle pour entrer dans une voie telle que la musique ne soit plus qu'un jeu. Il faut que l'activité de l'esprit ne soit nullement réclamée : la rapidité de l'exécution musicale ne permet pas que les signes, pour être reconnus dans leur véritable signification, soient l'objet d'une analyse.

1° *Des sept figures génératrices.*

La notation usuelle n'offre pas de signes graphiques pour exprimer les 17 sons primordiaux. Les cinq lignes de la portée donnent des positions linéaires et interlinéaires lesquelles expriment les sons.

Ainsi pour exprimer des faits sans couleur, sans forme, vagues, impalpables, invisibles et variables comme l'air qui concourt à leur reproduction, on a inventé des signes vagues, confus, n'ayant ni couleur ni forme, ne se présentant que sous deux phases différentes, la ligne et l'interligne : ils portent le nom de signes de position.

Ces signes sont déjà bien nombreux pour tous les musiciens. La portée armée de la clef de *bol*, donne, dans la pratique ordinaire, près de seize signes, qui s'oublient bien vite quand on ne fait pas de la musique tous les jours.

Si le musicien veut se rendre compte des beautés musicales des chefs-d'œuvre des compositeurs, il faut qu'il connaisse six autres portées armées de clefs différentes offrant à peu près les mêmes difficultés que la première, donnant chacune une quinzaine de positions ; ce qui fait à peu près en somme cent positions linéaires et interlinéaires qu'on doit nommer plus vite que les 27 lettres de l'alphabet, si l'on veut obtenir le titre de bon musicien.

Voici ce que dit Collet, professeur d'harmonie au Conservatoire de Paris : « Une des plus grandes difficultés qu'éprouvent presque tous les élèves en commençant, c'est de lire en même temps les clefs de *do* et de *fa*, et d'en connaître le véritable diapason. Cette première étude, étrangère à l'harmonie, deviendrait inutile, si on les remplaçait par la clef de sol..... en lui faisant exprimer un octave plus bas. Nous éviterions par là cette complication de clefs inutiles, de notes à transposer dans tous les sens, et nous n'arrêterions pas les progrès des élèves (*Traité d'harmonie*, p. 25).

Voici l'opinion de Grétry, l'auteur de soixante-quatre opéras et le plus grand musicien des temps modernes : « Il ne faudrait qu'une ou deux clefs, pour l'étendue des voix et des instruments. La clef de *sol* ordinaire sur la deuxième ligne pour les dessus, les violons, les flûtes, le hautbois, etc. La clef de *sol*, toujours sur la deuxième ligne, ayant une forme différente, pour la haute-contre, etc., ce qui indiquerait que celle-ci est à l'octave basse de la clef de *sol* ordinaire..... La transposition ne mérite pas ce conflit, cette abondance de clefs. »

Le signe de position est un signe complexe. En effet une position ne porte un nom phonique qu'à cause de son entourage : ainsi la deuxième ligne exprime le *bol*, donc pour exprimer ce son il faut cinq lignes, trois au-dessus et une au-dessous de la deuxième ; il en est de même de chaque position. Cette complication est beaucoup plus funeste à l'étude de la musique qu'on ne peut se le figurer ; la lecture musicale est toujours lente ; si la portée est bien serrée, les yeux se fatiguent, le doute naît sur la réalité de telle ou telle position.

Le plus simple bon sens suffit pour reconnaître que chaque signe de position étant le résultat de la combinaison de cinq lignes, et chacune des quinze positions donnant quinze combinaisons différentes, ce signe est très-mauvais.

Ce qui vient à l'appui des faits qui précèdent, c'est la première question qu'on pose à un élève : connaissez-vous les notes (les positions) ? c'est que l'épreuve reconnue la plus sérieuse et la plus difficile dans les concours du Conservatoire, c'est la lecture des notes ; c'est que si un élève reste quelque temps sans faire de la musique, il avoue naïvement qu'il ne connaît plus les notes ; donc il ne sait plus rien.

Voici ce que je substitue à cette partie des hiéroglyphes musicaux, créés à une époque où les sciences humaines étaient bien loin d'êtres présentées comme les méthodistes modernes les présentent.

Les sept figures primordiales remplaçant les cent signes de position, ont des qualités extrêmement importantes.

1° Ces sept signes sont les plus belles figures de la géométrie, science dont tout le monde devrait au moins connaître les éléments; en dehors de la musique, ce sera un bien que ces figures soient souvent devant les yeux de l'élève; quand il sera obligé de les copier, il atteindra par ce travail un double but : il pratiquera la musique et le dessin élémentaire.

Il faut bien remarquer que la portée tertiaire n'intéresse le chanteur qu'au point de vue théorique et nullement au point de vue pratique : les positions déterminées par les figures n'intéressent que l'instrumentiste au point de vue pratique; donc plus de signes de position pour les chanteurs.

2° Ces sept figures sont complètes, régulières, diffèrent entre elles par la couleur et la forme. Ces précieuses qualités ont une importance extrême.

a. Ces signes sont sus dans quelques minutes.

b. Ils ne s'oublient jamais.

c. Un air écrit avec ces figures originales se lit très-facilement et très-vite, car pour cela il faut voir ce qui suit quand on lit, ce qui a lieu dans la lecture d'un livre; ces figures géométriques si distinctes seront vues facilement et analysées avant de les nommer.

d. La dispersion de ces figures sur la portée, donnera à l'ensemble d'un air une forme bizarre, laquelle devra favoriser la mémoire de l'air.

e. La fixation d'un fait dans la mémoire est en rapport avec les sensations produites par ce fait sur notre organisation. Les yeux jouent un rôle immense dans cette circonstance : vous conserverez toujours la mémoire des êtres d'une maison que vous aurez habitée, des contours sinueux d'un parterre que vous aurez parcouru, d'une phrase ou d'un mot écrit plus gros que ce qui le précède; parce que l'organe de la vue, par des rapports secrets, agit sur la mémoire.

Les yeux frappés par la forme, la couleur et l'originalité des sept figures, qu'on reproduit des milliers de fois dans les premières études, à l'aide du tableau-solfége ou différemment, exerceront une influence vraiment magique sur l'oreille.

« Les fréquentes représentations des mêmes objets à la mémoire, sont, pour ainsi dire, » autant de coups de burin qui les y gravent d'autant plus profondément, qu'ils s'y représentent plus souvent (HELVÉTIUS). »

Une intonation nette, franche, sûre, naîtra des relations mystérieuses qui s'établissent par l'éducation entre ces deux organes. Il faut savoir que la voix obéit avec une docilité remarquable, aux déterminations de l'ouïe. L'oreille en musique est le souverain juge; il est donc bon d'exciter cet organe par des sensations fortes. Certainement les positions du système usuel sont des signes qui ne peuvent avoir aucune de ces qualités précieuses.

f. Les sept figures sont intuitives, c'est-à-dire que la forme de chaque signe éveille l'idée de l'une de ses propriétés. Le carré est large et domine par sa couleur noire; c'est qu'en effet le prima est la base, le fondement de tous les autres sons de la gamme; du *mi* au *fa*, du *si* au *do*, il y a toujours un petit intervalle, aussi les signes exprimant le *fa* et le *si* sont-elles des demi-figures; l'ovale, par sa forme large et pleine, représente très-bien le prima accidentel de la gamme mineure. La circonférence exprime un son qui est le centre, le milieu de la gamme, aussi a-t-elle un centre; le triangle est pointu vers le haut, ce qui annonce le rapport remarquable de proximité entre le septa et le huitième du prima. Je ne prétends pas affirmer par là que ces diverses propriétés phoniques soient générales, seulement elles existent habituellement; il n'y a que des modulations passagères qui puissent les détruire.

g. Le son est la partie véritablement artistique; sa reproduction demande une pratique constante; l'esprit dans ce travail ne peut jouer qu'un rôle secondaire. Le rhythme au contraire est une science; il demande seulement le concours actif de la mémoire pour se rappeler la valeur des signes de durée, et l'esprit pour les comparer. Le méthodiste doit donc porter son attention principalement vers les signes phoniques; *chanter juste*, conséquemment avoir la mémoire des sons développée le plus promptement possible est le point, est le but principal que le réformateur doit avoir sans cesse devant les yeux. Écrire toujours la musique par des signes sténographiques, serait une chose mauvaise; car des signes portant cette qualification ne peuvent exercer sur l'oreille aucune influence; les compositeurs pourraient seuls y trouver un avantage.

Chaque son de la gamme est une individualité qui a des qualités particulières, que l'oreille comprend très-bien par la pratique. Le temps qu'on met à cette étude est en rapport avec la réapparition à nos yeux plus ou moins fréquente du signe phonique.

Pour bien apprécier la valeur d'un son générateur, il faut essentiellement savoir s'il est, par exemple, prima, seconda, septa, etc.; il importe donc infiniment que chacun de ces sept sons soit toujours représenté par le même signe. Les modulations passagères doivent bien amener quelques exceptions à cette règle; mais au moins elles se présentent dans le plus grand nombre de cas sous la même forme. Ainsi, si le septa, par suite d'une modulation passagère au quinta, devient tierça de *bol*, je sais que c'est un changement de rôle qui a perpétuellement lieu, mais le rapport du *si* avec la gamme première reste toujours connu; ce son qui est tierça dans une mesure, peut, dans la mesure suivante, devenir septa.

« C'est seulement en considérant les sons par RELATION AVEC LE PRIMA QUE LE MUSICIEN PEUT » PARVENIR A LA JUSTESSE DE L'INTONATION ET DONNER A CHAQUE SON LE GENRE D'EXPRESSION QUI LUI » CONVIENT. » (J. J. ROUSSEAU.)

Mes signes seuls peuvent en cela diriger le musicien sans équivoque; tandis que dans le système usuel le *signe de position* ne laisse voir un son que comme appartenant à l'échelle mélodique ou au diagramme, sans aucune relation à un autre son.

C'est ici surtout que la notation monogammique brille dans tout son éclat : c'est l'intelligence du fait précité qui doit dissiper les préventions des détracteurs les plus opiniâtres de toutes réformes dans les signes musicaux.

« De ce qu'il n'existe qu'une gamme majeure et une gamme mineure, c'est-à-dire de ce que l'échelle ou gamme diatonique, de chaque espèce de gamme, soit majeure soit mineure, est la même par rapport à sa tonique (son prima), j'ai pu écrire tous mes exemples dans une seule, celui de *do* majeur et de *do* mineur, sans que mes observations et mes conséquences perdissent de leur généralité. Je n'ai pas dû varier cette tonique, parce que le lecteur qui n'a pour but que de comprendre une proposition y parvient d'autant plus aisément qu'il est plus familier avec la langue qu'on lui parle, et que le moyen de la lui rendre familière est de ne lui en pas parler plusieurs. Mais si le lecteur, que je supposerai même habile à saisir les rapports des diverses parties d'une partition, qui seraient écrites sous la même clef et dans l'espèce de gamme unique avec laquelle il est familiarisé, pensait qu'il doit lire ensuite avec facilité les partitions écrites selon la méthode ordinaire, savoir : sur des clefs diverses et dans un grand nombre de gammes différentes, il serait dans l'erreur ; cette facilité ne s'acquiert que par un travail assidu et toujours long. les compositeurs eux-mêmes et les artistes l'éprouvent tous les jours. Les difficultés croissent aussi pour eux, quoique sous des rapports différents, en raison de l'éloignement de la gamme dans laquelle ils se trouvent, les uns en écrivant et les autres en exécutant, de celles auxquelles ils sont les plus accoutumés. Quand le prima leur est moins familier, ils sont obligés à un surcroît d'attention pour découvrir et saisir les relations précises des intervalles. » (MOREL.)

Dans le système usuel qui est essentiellement polygammique, c'est-à-dire qui a pour les dix-sept gammes majeures, dix-sept séries de monosyllabes, et pour les dix-sept gammes mineures, dix-sept séries de monosyllabes, correspondant à sept séries de position, le rôle gammique est très-difficile à connaître.

Dans la solmisation seulement, les théoriciens ramènent ces trente-quatre séries à sept pour plus de facilité, disent-ils, et moi je dis parce qu'ils y sont forcés, les voici (1) :

SÉRIES MAJEURES.

DO	RÉ	MI	FA	BOL	LA	SI
SI	DO	RÉ	MI	FA	BOL	LA
LA	SI	DO	RÉ	MI	FA	BOL
BOL	LA	SI	DO	RÉ	MI	FA
FA	BOL	LA	SI	DO	RE	MI
MI	FA	BOL	LA	SI	DO	RÉ
RÉ	MI	FA	BOL	LA	SI	DO
DO	RÉ	MI	FA	BOL	LA	SI
1re	2e	3e	4e	5e	6e	7e

Ces sept séries gammiques sont remplacées dans le nouveau système par la seule série *do, re, mi, fa, bol, la, si, do.*

SÉRIES MINEURES.

DO	RÉ	MI	FA	BOL	LA	SI
SI	DO	RÉ	MI	FA	BOL	LA
LA	SI	DO	RÉ	MI	FA	BOL
BOL	LA	SI	DO	RE	MI	FA
FA	BOL	LA	SI	DO	RÉ	MI
MI	FA	BOL	LA	SI	DO	RÉ
RÉ	MI	FA	BOL	LA	SI	DO
DO	RÉ	MI	FA	BOL	LA	SI
1re	2e	3e	4e	5e	6e	7e

Ces sept séries gammiques sont remplacées dans le nouveau système par la seule série *do, ré, meu, fa, bol, lou, sou, do.*

Chacune des quatorze séries demande une étude particulière. Elle sera rendue d'autant plus aride que les homonymes musicaux sont innombrables. Ainsi, par exemple, après avoir établi entre *mi* et *fa* un petit intervalle, il faudra dans la gamme de *ré* en établir un grand ; après s'être exercé à établir un grand intervalle entre *ré* et *mi*, il faudra s'exercer à faire avec ces deux noms un petit dans la gamme mineure. Il est bien facile de voir que les monosyllabes *do, ré*, etc., ont ici une valeur et dans une autre gamme ils en ont une autre, donc l'étude de ces homonymes musicaux doit dérouter sans cesse l'élève et même les musiciens d'un ordre élevé.

Si l'on veut bien se rappeler que le son gammique est une chose qui touche à l'abstraction ; que l'oreille met beaucoup de temps à discerner même des sons rapprochés l'un de l'autre, et que pendant bien longtemps elle les confond tous, on sera convaincu que cette difficulté est effrayante et éloigne de l'étude de la musique les dix-neuf vingtièmes des jeunes gens qui débutent par ce système. Mais les instrumentistes ont positivement trente-quatre séries, c'est-à-dire trente-quatre ordres de difficultés à vaincre sur l'instrument. Dans le tableau

(1) Lisez dans le sens perpendiculaire en montant.

qui précède, les sept monosyllabes ne peuvent pas exprimer spécialement un des sept sons générateurs de la gamme, puisqu'ils les expriment tous ; donc l'influence vraiment remarquable de la solmisation pour l'étude d'un air, est presque toujours nulle.

Si l'on demande à un musicien qui n'aura pas étudié des années, quel rôle gammique joue tel son avec telle ou telle armure, il hésitera, et l'hésitation en pareil cas paralyse la faculté de l'intonation.

Grétry a compris l'importance d'une seule série monosyllabique pour toutes les gammes ; car dans son *Essai sur la musique*, il recommande de ne donner aux sons, dans la solmisation, qu'un nom en rapport avec le rôle qu'il joue dans la gamme, et non pas en le nommant par son nom diagrammique.

« La pure intonation est si nécessaire, que l'on peut dire hardiment que s'il faut cent qualités réunies pour bien chanter, celui qui a l'intonation juste par don de nature, en a les deux tiers par avance. » (Grétry.)

Ce grave inconvénient n'existe pas dans la nouvelle musicographie, car chacune des sept figures annonce par sa forme le rôle gammique du son ; la faculté de l'intonation restera donc avec toute sa puissance, elle sera même grandement secondée par les sensations de ces figures sur la vue, impressions qui réagissent sur l'oreille, pour éveiller les souvenirs de cet organe.

h. Les transpositions deviennent de plus en plus fréquentes. Plus la musique se répandra et plus cet art deviendra nécessaire. Les méthodistes doivent donc penser à cette difficulté exclusivement instrumentale.

« Dans le système usité la nécessité de transposer une pièce entière à livre ouvert, peut » dérouter entièrement le musicien, qui, ayant à substituer d'autres positions à chaque note » qu'il a sous les yeux, est encore obligé de supprimer ou d'ajouter mentalement des dièzes » ou des bémols, ou de les remplacer les uns par les autres. L'attention constamment appli- » quée à ces changements devient nulle pour l'expression. » (J. J. Rousseau.)

Le choix des signes peut gêner ou favoriser les transpositions. Si le rôle gammique que joue chaque son est indéterminé ; si le signe est explicitement diagrammique et implicitement gammique, comme dans les signes de position donnés par la portée quintenaire, cet art précieux devient très-difficile à acquérir ; si au contraire le signe phonique est explicitement, sensiblement, graphiquement gammique et explicitement diagrammique, le rôle gammique de chaque son reste parfaitement connu, on sait par la simple vue et sans se torturer nullement l'esprit et la mémoire, si un son est prima, seconda, etc.

L'instrumentiste, qui doit être rompu au mécanisme de toutes les gammes instrumentales, lesquelles sont au nombre de trente-quatre, sera grandement secondé dans sa traduction improvisée pour la reconnaissance des rôles gammiques.

Je pourrais citer beaucoup de faits qui viendraient confirmer l'inconvénient extrême de cette multitude de séries mono-syllabiques, et les avantages incalculables de la substitution d'une série majeure et d'une série mineure, aux quinze usitées dans le système usuel. Le seul que je citerai est la connaissance superficielle de la musique par les personnes qui se disent ou se croient musiciennes. Je ferais un pari que sur cinquante personnes qui se disent instrumentistes ou musiciennes, prises au hasard, il ne s'en trouve pas cinq qui déchiffrent à l'aide de la solmisation un morceau à armure triple, quadruple, etc., ayant des modulations passagères un peu variées.

i. L'art de l'intonation consiste à reproduire un son quelconque quels que soient le genre et l'espèce d'intervalle formé avec le son qui le précède; la connaissance de l'intervalle joue donc un rôle immense dans l'art de reproduire justement le son. Dans le système usuel, la confusion produite par la variété des séries monosyllabiques, par les dièzes et les bémols qui forment l'armure, par l'apparition des bécarres, des dièses et des bémols accidentels, l'étude des intervalles devient très-difficile; on a une tendance presque irrésistible à donner aux monosyllabes, le rôle gammique qu'ils jouent dans la gamme de *do*, aussi l'intonation est-elle indécise, molle, douteuse pour le chanteur qui par là n'étant pas sûr d'une reproduction exacte perd la confiance nécessaire à un bon exécutant. C'est là la cause de la chute d'une multitude d'artistes, qui, fiers de la beauté de leur voix, se sont perdus par la difficulté presque insurmontable de l'intonation.

Dans la musicographie nouvelle tout le contraire a lieu. Tous les intervalles naturels, c'est-à-dire ceux qui sont formés par des sons générateurs sont éternellement exprimés par les mêmes signes et portent constamment le même nom mnémonique; ainsi les trois troisièmes majeurs naturels, do mi, fa la, et bol si, sont toujours exprimés par : ■●, ⊖○, ⊙▲; il en est de même de tous les autres intervalles; les intervalles chromatiques seront encore rendus très-faciles à saisir, parce qu'ils se présentent toujours dans le nouveau système, quels que soient le genre et l'espèce de gamme, comme ils se présentent dans la gamme de *do* majeur ou de *la* mineur. La facilité dans l'intonation naîtra donc de la connaissance claire et précise qu'on aura de la nature de l'intervalle, et des éléments gammiques qui les produisent.

Voici une remarque qui prouve péremptoirement l'influence de mon système monogammique sur l'intonation, ou en d'autres termes sur la lecture musicale. Dans le système usuel les cinq sixièmes de l'étude phonique sont consacrés à vaincre des difficultés inhérentes exclusivement aux signes; les énormes solféges qu'on met entre les mains des élèves en sont une preuve palpable. En effet, après avoir appris la gamme la plus simple, c'est-à-dire celle de *do*, on étudie celle de *fa*, puis celle de *bol*, de *rè*, de *si*, de *la*, etc.

On étudie séparément chacune des dix-sept gammes majeures; ceci est tellement vrai, que je ne connais pas un seul solfége où des exercices particuliers n'existent pas sur chacune de ces gammes.

Il en est de même de la gamme mineure. On étudie d'abord celle de *la* mineur, puis successivement les autres.

Dans ma notation ces diverses études deviennent complétement inutiles, toutes les gammes majeures étant exprimées par sept figures qui portent toujours les noms mnémoniques, *do*, *rè*, etc., et les gammes mineures par sept figures respectivement égales ou semblables aux précédentes, et qui portent toujours dans la solmisation les noms de, *do*, *rè*, *mou*, etc.

En supposant deux élèves prenant le même nombre de leçons, l'un selon l'ancien système et l'autre selon le nouveau, au bout d'un certain temps si l'on comparait la force de chacun, on trouverait que le second est, je ne ne dirai pas trente-quatre fois plus fort que le premier, mais au moins vingt fois; dans ce calcul, remarquez bien que je ne tiens pas compte de tout le temps qu'on gagne en employant les chiffres arabes pour exprimer la durée du son.

Je vais donner un exemple : supposons qu'il s'agisse de l'intervalle *bol mi* aigu, de la gamme de *do*. Dans les autres gammes, par suite du système usuel qui est polygammique, cet intervalle est représenté par des positions différentes et des monosyllabes différents.

Il est exprimé :

dans la gamme de *bol*, par *rè* *si* ;
dans celle de *fa*, par *do* *la* ;

dans la gamme de *rè*, par *la* *fa* dièze ;
dans celle de *se*, par *fa* *rè* ;
dans celle de *la*, par *mi* *do* dièze ;
dans celle de *me*, par *si* bémol *bol*.

Si je continuais l'énumération, je trouverais à peu près dix-sept manières d'exprimer l'intervalle naturel *bol mi* aigu.

Mais les intervalles naturels chromatiques et enharmoniques sont très-nombreux. Les combinaisons pour la voix donnent à peu près deux cent vingt-cinq intervalles naturels en prenant une échelle de quinze sons, joignez à ce nombre les autres intervalles, et l'on aura en compte rond plus de trois cent cinquante intervalles. Ce nombre exprime à peu de chose près les combinaisons de sons que la voix doit reproduire. Cette étude est inhérente à la musique, les signes ne peuvent pas supprimer ces trois cent cinquante combinaisons.

Aussi faut-il conclure qu'il ne faut pas compliquer ces difficultés de la science musicale par l'emploi de mauvais signes. On ne doit donc donner à la gamme qu'une seule forme pour faciliter l'étude du chanteur, tout en exprimant *à l'aide de la portée* tous les faits phoniques des instruments.

Mais voici ce qu'on doit détruire, parce que ce n'est qu'une difficulté conventionnelle, une difficulté graphique. Ces trois cent cinquante intervalles sont représentés chacun par près de trente-quatre signes, ce qui donne onze mille neuf cents combinaisons pour exercer les élèves à la patience.

Dans mon système, et dans tout système rationnel, il ne doit y avoir qu'un signe pour chaque intervalle.

Il faudrait être bien peu sincère pour ne pas avouer, qu'il faut cent fois moins de temps pour être à même de solfier à première vue un air quelconque écrit selon mes signes que s'il était écrit selon le système usuel.

L'histoire suivante est la confirmation de tout ce qui vient d'être dit. La scène se passe dans une soirée de famille. Un solliciteur prend la parole.

Connaissez-vous la musique ? — Je l'ai apprise pendant deux ans; mais j'ai tout oublié. — Vous qui l'appreniez l'année passée, vous serez sans doute assez bon pour chanter ce morceau ; il est très-facile.—Je vous demande bien pardon de vous refuser, car il y a près de six mois que je n'ai pas vu les signes musicaux, et comme ils sont innombrables, je ne pourrais pas chanter le morceau que vous me présentez. — Vous qui apprenez la musique depuis dix-huit mois, vous chanterez ce morceau, qui est en *mi* bémol ? — En *mi* bémol ! oh non ; s'il était en *do*, en *sol* ou en *fa*, à la bonne heure ; mais dans ce ton je ne pourrais pas. — Il faut l'avouer, je suis bien malheureux dans mes tentatives. Mais voici une pianiste qui sans doute acceptera ma proposition. — Vous qui êtes toujours au piano, déchiffrez donc cette romance qui est en *rè* bémol. — Mais vous voyez bien qu'il n'y a pas de piano, et que, sans ce puissant et agréable interprète, je serais bien embarrassée de solfier juste la gamme de *rè* bémol. — M. Durand probablement sourira à mon offre. Vous apprenez la musique puisque vous avez si bien chanté il y a quelques instants. — J'ai suivi les cours de M. ... pendant quatre mois ; mais j'ai cessé : c'est la mesure qui m'a complétement découragé. Je préfère payer un instrumentiste qui m'apprend les airs, plutôt que de me torturer la tête à retenir ces milliers d'hiéroglyphes dont on se sert pour écrire la musique. — Jugez du désappointement du solliciteur.

2° *Des sons accidentels.*

Les sons accidentels jouent dans la musique moderne, un rôle très-important; plus l'art se développe et plus ils se multiplient.

Le méthodiste doit donc simplifier autant que possible les signes qui les expriment et surtout simplifier leurs noms mnémoniques, de telle manière que leur intonation se fasse facilement. Le signe additionnel du dièse et du bémol est intuitif, c'est-à-dire qu'il éveille par sa position une propriété de tendance. Le dièse appelle généralement un son plus haut, aussi la ligne additionnelle se dirige-t-elle vers le haut; le bémol appelle généralement un son plus bas, aussi la ligne se dirige-t-elle vers le bas.

Dans le système usuel, par suite des 34 séries monosyllabiques, on ne sait pas d'où naissent les sons accidentels, ou en d'autres termes on ne connait pas le grand intervalle où ils se trouvent placés; de là ignorance de l'effet particulier de l'accident, et de la modulation passagère qu'il constitue; donc l'intonation devient difficile et la pensée du compositeur est mal interprétée. Là n'est pas tout l'inconvénient de signes irrationnels : dans la solmisation on est forcé de donner à l'accident le même nom mnémonique que porte le son générateur qu'il remplace : difficulté encore plus sérieuse. Ainsi, le mot *fa* exprime un son générateur ainsi que le *fa* dièse qui remplace souvent le premier.

Ces divers inconvénients n'existent pas dans les nouveaux signes.

On connait toujours l'intervalle qui le produit, on sait toujours et sans aucun travail de l'esprit s'il nait du 1er, 2e, 3e, 4e ou 5e grand intervalle.

Ces nouveaux monosyllabes qui les expriment n'offrent aucune exception. Ils facilitent extraordinairement la reproduction des sons intermédiaires accidentels. Ainsi, les mots *di*, *ri*, *fi*, *bi*, *li*, et les mots *re*, *me*, *be*, *le*, *se*, forment une partie importante de mon système au point de vue de la simplification du langage et surtout au point de vue de l'intonation. Il n'y a pas de travail de mémoire imposé, puisque ces monosyllabes dérivent de *do*, *rè*, etc.; ils simplifient le langage, car au lieu de dire do dièse, rè bémol, il suffira de dire *di*, *ri*. L'intonation de ces éléments est rendue très-facile, parce que la confusion résultant d'un mot commun aux deux faits est détruite. Ici c'est l'organe vocal qui est obligé de prendre deux dispositions différentes pour produire deux faits différents. Les sons accidentels au reste se présentent rarement, et la plupart du temps à distances éloignées l'une de l'autre; ils se trouvent entourés de sons générateurs, c'est donc une dénomination accidentelle au milieu de l'application d'une dénomination générale connue sous les noms *do*, *rè*, *mi*, etc.

Je le répète, j'attache un grande importance à l'usage exclusif de ces nouveaux mots dérivés, au point de vue de la théorie et de l'intonation.

3° *Des signes de la gamme mineure.*

Les signes de la gamme mineure forment un point très-important dans l'ensemble de la nouvelle musicographie. Cependant ils ne constituent pas une partie essentielle; car j'aurais pu choisir pour modèle des gammes mineures celle de *la*. Je prie donc le lecteur de porter une attention très-sérieuse sur la constitution de ma gamme mineure comme signe e comme choix des intervalles.

Le choix que j'ai fait des intervalles établit des rapports uniformes avec la gamme majeure : dans chacune de ces deux gammes, selon mes combinaisons, il y a cinq grands intervalles et deux petits; dans les deux gammes les cinq grands intervalles donnent chacun un dièse et un bémol; eh bien! l'élève comprendra facilement la théorie de cette gamme, de là l'intonation sera facilitée, car lorsque l'esprit conçoit un fait, les organes qui doivent concourir à sa reproduction obéissent facilement.

Si j'examine maintenant les signes que représentent les faits constitutifs de l'air type mineur, on se convaincra que le choix que j'en ai fait est parfaitement conforme aux règles de la logique. Entre les éléments des deux genres de gamme, il y en a quatre qui sont identiques; c'est le prima, le seconda, le quarta et le quinta, donc j'ai eu raison de prendre pour exprimer ces quatre faits, quatre signes identiques ■ ◇ ◓ ⊙ appelés dans les deux gammes *do*, *rè*, *fa*, *bol*. Les trois autres éléments, c'est-à-dire le tierça, le sixta et le septa, sont représentés par des figures dérivées de celles qui expriment le tierça, le sixta et le septa de la gamme majeure, autre rapprochement qui facilitera la théorie et l'intonation de la gamme mineure.

Le choix que j'ai fait de leur nom mnémonique, *mou*, *lou* et *sou*, dérivés de *me*, *la* et *si*, du genre majeur, facilitera encore l'intonation des éléments des airs mineurs.

Le but le plus important que je me suis proposé en adoptant les signes mineurs en question, c'est la simplification de l'étude de l'harmonie. Je prie encore instamment les musiciens de bien réfléchir sur ce point-ci, car l'adoption de cette nouvelle combinaison ferait pénétrer la connaissance de l'harmonie dans les organisations même les plus pauvres, et faciliterait l'improvisation d'un accompagnement à une mélodie mineure quelconque. Remarquez bien que la science de l'harmonie, par suite de l'incertitude du rôle gammique de chaque son, causé par les trente-quatre formes données à la gamme majeure et mineure, n'est nullement connue de la plupart des musiciens; j'ai la certitude que sur cent musiciens instrumentistes, il ne s'en trouve pas un qui la connaisse.

De là, incertitude dans l'exécution; comme un lecteur qui, ne comprenant pas bien le sens des phrases, ne peut pas donner à sa voix les inflexions exigées par le caractère de ce qu'il lit.

Dans la théorie de la musicographie nouvelle on trouvera l'énumération des points de contact de la gamme mineure et de la gamme majeure (*voyez* page 28). La lecture de cet article achèvera de faire comprendre l'importance du choix que j'ai fait à propos de la gamme mineure.

J'ajouterai que les musiciens pourront facilement, par suite de l'adoption d'une seule série gammique au lieu de 17, qu'on trouve dans le système usuel, improviser un accompagnement sur une mélodie mineure, ou transposer avec beaucoup plus de facilité qu'on ne le fait dans le système usuel. En effet, dans la nouvelle notation, le prima, le seconda, etc., étant exprimés par un signe particulier, le musicien saura, sans réflexion aucune, le rôle gammique que joue chaque son; il pourra donc facilement trouver l'accompagnement qui convient le plus à un fragment mélodique, tandis que, dans le système usuel, il faut, à peu de chose près, dix fois plus d'étude; donc si l'on n'est pas un musicien de premier ordre, la transposition devient tellement difficile, que ce talent n'est acquis que par très-peu de personnes.

4° *Modulations.*

Les modulations constituent dans la musique une difficulté sérieuse, abstraction faite des signes musicaux ; parce que, dès qu'on entre dans une gamme nouvelle, le rôle gammique de chacun des sons qui constituent la gamme précédente, sont tous intervertis ; il faut donc beaucoup de temps pour habituer l'oreille à ces changements subits.

Pour moduler facilement il faut bien connaître le rôle gammique que jouent les deux sons qui sont en contact ; le dernier de l'air précédent, et, le premier de l'air qui suit.

Le système usuel, par suite de la multitude des séries gammiques, rend très-difficile la connaissance de ces deux sons ; de là, incertitude dans l'espèce de modulation et dans l'intonation des premiers sons de la nouvelle gamme.

Dans le système nouveau, plus de difficultés dérivant de l'emploi de mauvais signes ; le chanteur connaît très-bien le son de la gamme précédente et celui de la nouvelle, c'est-à-dire qu'il sait si c'est par le quinta, le tierça, etc., qu'il abandonne la première, et si c'est par le prima, le tierça, le quinta, etc., qu'il entre dans la gamme nouvelle.

Les improvisateurs d'accompagnement trouveront donc dans mon système monogammique un avantage précieux dans les modulations.

5° *Portée tertiaire.*

La portée tertiaire a des avantages nombreux.

Dans certaines mélodies, il y a économie pour l'impression et le papier, car elle donne, sans lignes supplémentaires, sept positions ; donc pour la plupart des mélodies qui n'ont que sept sons, les trois lignes suffiront pour les exprimer. Il peut même arriver que la troisième puisse être supprimée, si l'air n'a pas besoin des deux positions qu'elle forme : les deux premières pouvant suffire avec ou sans lignes supplémentaires.

L'instrumentiste, avec cette nouvelle portée, n'aura jamais que sept positions à retenir, au lieu de près de vingt-cinq dans le plus grand nombre de cas, et près de cent si l'on veut devenir musicien consommé et apprécier les productions des grands compositeurs.

Cette grande simplification provient de ce qu'il existe un grand intervalle entre les extrémités de la portée et la première ligne supplémentaire ; par ce moyen tous les huitièmes ont toujours des positions semblables.

L'attention de l'instrumentiste ne se portant que sur trois lignes, ou en d'autres termes, les signes de positions étant déterminés par l'ensemble de trois lignes au lieu de cinq, la lecture sera rendue beaucoup plus facile, moins fatigante pour les yeux ; en outre ces positions étant déterminées par des signes dont la forme est parfaitement déterminée, ce qui n'a pas lieu dans la notation usuelle de la même manière, la lecture pour le violoniste, le pianiste, etc., sera rendue doublement plus facile. La similitude des huitièmes dont l'existence est si commune dans la musique instrumentale, aidera sensiblement à atteindre le même but.

6° *Simplification de l'étude de l'harmonie.*

La plus grande difficulté de l'harmonie dérive de l'emploi de mauvais signes. J'ai même la certitude que les trois quarts du temps qu'on sacrifie pour cette science importante ne sont que la conséquence d'une mauvaise écriture; l'étude de l'orthographe d'usage de la langue française est un fait analogue à celui qui m'occupe ce moment-ci. Les dix-neuf vingtièmes du temps qu'on passe à apprendre la forme des mots, ne tient qu'à une écriture purement conventionnelle : qu'on établisse que les mots s'écrivent comme il se prononcent, et tout le monde saura une science pour laquelle la jeunesse française sacrifie un temps précieux au détriment de connaissances infiniment plus utiles.

Cette difficulté conventionnelle de l'étude de l'harmonie est basé sur l'incertitude du rôle gammique que joue un son générateur ou accidentel : ce doute tient à la variété des séries monosyllabiques qui sont au nombre de 17 pour le genre majeur, et de 17 pour le genre mineur.

Chacun des sept sons de la gamme peut devenir la base, le fondement d'un accord; les dix sons intermédiaires peuvent diversement faire partie de ces mêmes accords; il suit de là que si l'on n'a pas étudié pendant des années la science des accords, on ne compose qu'en tâtonnant ou en ramenant l'air réellement, ou par la pensée, à la forme la plus simple, c'est-à-dire à la gamme de *do* majeur ou de *la* mineur.

Je prends pour exemple, parmi les accords qui constituent les éléments d'harmonie, l'accord de prima majeur qui est *do, mi, bol*. Les 34 gammes ayant 34 formes, cet accord aura donc 34 formes : *do mi bol*, pour la gamme *do*; *rè fa* dièse *lo*, pour la gamme *rè*; *mi bol* dièse *si*, pour la gamme *mi*, etc., etc.; *la do mi*, pour la gamme de *la* mineur, etc., etc. Or, il y a à peu près une trentaine d'accords auxquels il faut donner 34 formes, selon le système usuel : il faudra donc graver dans sa mémoire 1,020 formules.

Dans ma notation monogammique ces hiéroglyphes, qui cachent aux masses une des plus belles conquêtes de la civilisation, un élément de bonheur inhérent à notre organisation physique, lequel n'est connu que de quelques personnes, disparaissent presque complétement, puisque mon système est monogammique; tous les accords seront donc mis sous une seule forme, sauf ceux qui dérivent des modulations passagères.

Ces 34 formes n'existent même pas dans la nouvelle méthode; car les signes de la gamme mineure dérivent de ceux de la gamme majeure, et portent respectivement des noms gammiques et mnémoniques égaux ou respectivement à ceux des éléments de la gamme majeure ou dérivés de ceux-ci par suite d'une différence dans l'espèce d'intervalle. Les accords formés par les éléments de la gamme mineure auront respectivement les mêmes signes pour les représenter que ceux de la gamme majeure, signes quelquefois dérivés, pour exprimer les différences du genre mineur comparé au genre majeur, mais ces signes, quoique modifiés, conservent dans la gamme, le même ordre que leurs correspondants de la gamme majeure.

Ainsi, l'accord parfait *do mi bol*, a pour analogue *do mou bol*, accord parfait mineur. L'accord de septième dominante du genre majeur est *bol si rè fa*; l'accord de septième dominante de la gamme mineure est *bol sou rè fa*, et dans le plus grand nombre de cas, c'est *bol si rè fa*; lequel dans ce cas est identique à celui de la gamme majeure. On voit donc que les bases des accords analogues des deux genres de gamme, c'est-à-dire ceux dont les éléments portent le même nom gammique (1), sont presque toujours identiques; donc, leurs signes doivent être identiques. Si les signes mineurs n'ont pas cette qualité, ils

---

(1) L'accord majeur domibol, est analogue de l'accord mineur domoubol. Chaque accord majeur a pour analogue un accord mineur.

sont au moins dérivés. Tous les accords, par cette réforme, sont subdivisés en deux genres les majeurs et les mineurs.

Voici maintenant les conséquences de cette double réforme, qui sont infiniment précieuses pour les instrumentistes jouant d'un instrument polyphone comme la harpe, la guitare, les instruments à clavier, etc.

7° *Étude des instruments polyphones, rendue plus facile.*

Tous les accords sont toujours exprimés par les mêmes figures, excepté ceux qui sont formés d'éléments de gammes passagères plus ou moins sympathiques à la principale. L'instrumentiste quels que soient le genre et l'espèce de gamme, dont la somme totale est de 34, reconnaitra donc à la simple vue, SANS OPÉRATION DE L'ESPRIT NI DE LA MÉMOIRE, le genre et l'espèce d'accord. Cette uniformité et cette unité dans le signe, en opposition avec les complications de l'instrument, sans cependant en exclure aucune, simplifiera beaucoup l'étude des instruments pouvant faire entendre plusieurs sons à la fois ; l'exécution, par suite de la connaissance qu'on aura de l'espèce d'accord, deviendra plus sûre, plus franche et plus en harmonie avec les fragments mélodiques correspondants à tel ou tel accord. Car, comme je l'ai déjà dit, l'esprit qui comprend un fait, agit sur les organes qui doivent concourir à l'existence de ce fait avec une puissance remarquable. Si l'esprit doute, la volonté s'affaiblit, les organes deviennent rebelles.

Il faut bien savoir que chaque accord produit des effets qui lui sont particuliers ; il en est qui demandent de la hardiesse dans leur exécution ; d'autres doivent être attaqués fortement ou doucement, d'autres qui peuvent demander un ralentissement ou une accélération dans le mouvement musical, etc. Toutes ces nuances restent perdues au détriment de l'art, si l'écriture est mauvaise.

Dans le système usuel, l'enfant débute par les accords majeurs. L'accord parfait *do mi bol*, etc., se présente le premier ; quand il passe à l'étude de la gamme de *bol*, il trouve l'accord parfait exprimé par *bol si rè ;* dans la gamme de *fa*, par *fa la do*, etc., etc. ; cette multiplicité de dénominations différentes, qu'une écriture rationnelle doit détruire établit la confusion dans l'esprit de l'élève, aussi marche-t-il lentement vers le but qu'il veut atteindre ; aussi, bien souvent, est-il effrayé de tous ceux qu'il voit découragés dès le début, et dégoûtés pour toujours du titre de musiciens qu'ils ambitionnaient.

8° *Du tableau-solfége.*

On ne saurait croire combien ce grand tableau donne promptement la connaissance théorique de la musique. Cette échelle de sons, exposée sans cesse aux yeux de l'élève, se grave facilement dans sa mémoire. Pour l'enseignement simultané il est d'un secours très-puissant.

En outre le professeur, muni de plusieurs baguettes, peut, avec une facilité étonnante, exercer ses élèves à chanter à plusieurs parties. Ils pourront s'habituer dès l'âge le plus tendre, à produire des sons en entendant en même temps d'autres sons.

« Si le Français se fût nourri d'harmonie dès les premiers moments de son penchant pour la musique, il serait devenu musicien comme les plus grands maîtres, du moins par le même moyen qui les a tous formés. » (RAMEAU).

9° *Procédé diatonique.*

Le procédé diatonique est d'un grand secours pour le musicien non-instrumentiste, qui dans les mille complications de la musique se trouverait quelquefois embarrassé de produire un son faisant partie d'un fragment rare. Avec ce nouveau moyen, on peut presque se passer de maître si l'on a quelque intelligence musicale.

10° *Des équivalents phoniques.*

Les équivalents phoniques constituent un fait qui dérive essentiellement de l'emploi des sept signes graphiques et de la portée. Ces exercices sont basés, 1° sur le besoin d'éclairer l'esprit sur certains faits ayant des qualités communes, un intervalle de même espèce, par exemple; 2° sur l'influence des monosyllabes mnémoniques pour l'intonation. En effet, si, par suite de la combinaison de deux gammes on met $\frac{\text{LA}}{\text{FA}}$ à l'unisson de $\frac{\text{MI}}{\text{DO}}$, l'intervalle *do mi*, qu'on reproduit très-facilement, facilitera la reproduction de *fa la*; ces deux fragments ne diffèrent que par les mots.

A l'aide du fragment *do si do*, on peut donc faire très-promptement tous les fragments chromatiques par dièses, comme *bol fi bol*, *la bi la*, etc., etc. Il en est de même des bémols qui se trouvent à l'aide du fragment *mi fa mi*.

11° *Moyens d'intonation.*

Les moyens nouveaux d'intonation constituent encore un fait important dans la nouvelle méthode. Leur emploi facilite l'étude de la musique rendue déjà si simple par la nouvelle écriture.

12° *Fixation du genre et de l'espèce de gamme.*

Le système usuel abandonne à l'intelligence et à la mémoire capricieuse des élèves un fait très-important; car il faut faire un calcul pour connaître si l'air est mineur ou majeur : si l'on chante dans la gamme de do, de rè, de mi, etc.

Le genre et l'espèce de gamme seront donc toujours écrits au commencement de tous les airs, ainsi que la série des dièses ou des bémols qui composent l'armure de chaque gamme, ce dernier fait est précieux pour l'instrumentiste et inutile pour le chanteur.

II

SIGNES RHYTHMIQUES.

Considérations générales.

Il est à remarquer que la mesure, qui est le côté scientifique de la musique, et dont l'observation est assujettie exclusivement à l'esprit et à la mémoire, éloigne de l'étude de la musique une multitude d'élèves qui débutent par le système usuel. Ils commencent d'abord avec enthousiasme, parce qu'ils sont convaincus de l'importance sociale de cet art; mais quand on leur présente près de soixante signes nouveaux, primordiaux ou dérivés, les signes articulés mêlés bizarrement avec les signes de silence, ils voient qu'ils n'ont ni le temps, ni l'intelligence, ni la patience nécessaire pour arriver au but final, c'est-à-dire, à lire la musique.

Si je distribue à plusieurs élèves la musique d'un quatuor, par exemple, la première difficulté qui se présente c'est l'observation mathématique de la mesure. Ici l'ignorance, quelque petite qu'elle soit, anéantit complétement l'harmonie; une seule partie qui ralentirait ou accélérerait le mouvement d'un 1/5 de seconde seulement, rendrait l'exécution impossible. L'attention la plus grande et la connaissance la plus parfaite, et du chiffre rhythmique, et des rapports qu'il forme avec celui qui précède et qui suit sont des conditions essentielles pour chanter à plusieurs parties. Les sons, dans le plus grand nombre de cas, et surtout si l'air est écrit dans la gamme de *do*, seront entonnés à la première lecture. Qu'un ou plusieurs soient omis et remplacés par d'autres, la faute ne sera peut-être pas remarquée; mais changer une durée sans compensation, ou ne pas frapper en même temps au premier temps, quelque légère que soit la différence, l'exécution du quatuor est impossible, et les élèves ignorants seront obligés d'étudier en particulier les difficultés rhythmiques.

Cette difficulté, d'après les lois du progrès, tend à s'accroître; voici ce que dit M. Fétis père, dans la *Gazette musicale*, du 3 juin 1849 : « J'ai dit qu'une des qualités les plus re- » marquables du talent de Meyerbeer, consiste dans l'originalité des rhythmes : les derniers » actes du *Prophète* sont plus riches encore de thèmes où se révèle cette qualité. » La tendance du maître vers la recherche de formes rhythmiques nouvelles est un témoi- » gnage de la justesse de son jugement à l'égard de la situation actuelle de l'art et de son » avenir. Dans le cours de philosophie de la musique que j'ai fait en 1832, j'ai dit que les » transformations de l'art se trouveront dans le rhythme et dans l'exploration de son im- » mense domaine, dont les abords seulement sont connus : Meyerbeer semble partager » mon opinion, car il porte dans le choix de ses rhythmes plus de soin que n'en mettent les » maîtres les plus célèbres. »

De là il faut conclure que les difficultés de la mesure s'accroîtront ou se composeront d'éléments, au fond les mêmes, mais variés dans la forme.

« La musique rhythmique, c'est-à-dire celle où le mouvement prédomine sur la mélodie et l'harmonie, est celle qui frappe le plus les hommes. » (GRÉTRY, 292.)

On voit par là combien les réformateurs doivent s'empresser de démolir cette partie de l'édifice qui, au XIVe siècle, a été ajoutée à l'édifice principal.

Selon mes combinaisons, les signes rhythmiques n'exigent plus ni de travail d'esprit, ni de mémoire.

1° *Nouvelle classification.*

Le rhythme étant une science qui devrait faire partie constitutive de l'arithmétique, une bonne disposition des matières qui la compose est extrêmement importante. On ne peut pas confier à la mémoire des faits présentés confusément; tandis que lorsqu'ils sont dans un ordre naturel, c'est-à-dire enchaînés l'un à l'autre par leur rapport d'affinité, l'esprit les comprend et la mémoire conséquemment les retient facilement.

La nouvelle classification que je présente au public est toute scientifique : elle découle de l'arithmétique.

Si l'on veut se donner la peine de réfléchir sur la nature des rhythmes usités dans la musique européenne, on trouvera qu'il n'y a que deux genres usités. C'est le nombre deux et le nombre trois qui sont la base de cette distinction. En effet si l'on compare les mesures *deux quatre, trois quatre* et *quatre quatre*, aux mesures *six huit, neuf huit* et *douze huit*, on verra que dans le premier cas quelques unités ou beaucoup d'unités se composent de deux sons ayant des durées égales ; ou bien d'un nombre de sons multiples de deux comme quatre et huit. Si ces qualités n'existent pas, le rhythme n'a pas un caractère bien déterminé.

Dans la 2e série on trouve toujours quelques unités ou beaucoup d'unités de mesures qui se composent de trois sons ou d'un nombre de sons multiple de trois, comme six et douze. Cette catégorie donne des mesures plus cadencées que l'autre ; ces rhythmes, en général, sont très-sautillants.

Il y a donc deux genres de rhythmes bien distincts. Les noms de duotique et de triolétique, expriment bien la nature de ces deux classes de rhythmes ; mais j'ai préféré prendre des noms connus et en rapport avec un des multiples de deux et l'un des multiples de trois, c'est-à-dire huit et douze.

Il faut donc bien remarquer qu'on ne produit des effets rhythmiques contrastant entre eux qu'en employant des rhythmes d'un genre différent. Cette classification, nouvellement formulée, sera pour les compositeurs un sujet de richesses rhythmiques. Les noms d'octaval et de duodécimal sont parfaitement convenables et expriment clairement les deux genres de rhythme.

Mais me dira-t-on, comment se fait-il que vous preniez pour unité, le nombre huit et et douze dont l'un éveille l'idée de huit unités et l'autre de douze ?

Huit occupe à peu près le milieu de l'échelle des nombres le plus fréquemment employés dans les rhythmes octavals. Il en est de même de douze, pour les rhythmes duodécimaux : donc en prenant ces deux nombres, j'évite, dans l'emploi de chiffres arabes, les fractions à deux termes, ce qui est bien précieux ; car l'étude de ces sortes de nombres est une source de bien des ennuis pour les élèves.

Je distingue en arithmétique trois espèces d'unités : l'*unité type*, invariable comme le mètre ; l'*unité partielle*, pouvant jouer un rôle autre que la fraction irrégulière, comme le décimètre ; l'*unité collective*, comme le kilomètre. Cette distinction, que je n'ai vue dans aucun traité d'arithmétique, facilite étonnamment la solution de bien des problèmes de calcul.

Les deux unités rhythmiques que j'ai choisies sont donc collectives. Les nombres 8 ou 12, sont aux nombres plus forts ou plus petits ce qu'est l'hecto par rapport au déca, à l'unité, ou au myria.

Les noms que j'ai créés pour exprimer les six espèces de rhythmes portent avec eux leur signification ; ainsi, la mesure 2 fois 8 indique que toutes les durées de chaque mesure additionnées donnent 16 pour total.

Le principe que j'ai établi relativement à la fixation du mouvement musical par un numéro du métronome et non par le choix de nombres fractionnaires indiquant à peu près la longueur de l'unité de mesure, est très-important. Par là je supprime toutes les mesures $\frac{3}{8}$, $\frac{2}{1}$, $\frac{6}{2}$, $\frac{3}{1}$, $\frac{3}{2}$, etc., $\frac{3}{8}$, $\frac{6}{16}$, $\frac{3}{12}$ etc., etc., qui ne sont que des superfétations musicales.

En dehors des six mesures que j'indique et dans lesquelles toutes les autres viennent se fondre, c'est-à-dire celles dont la création est le résultat de certains caprices de nos anciens compositeurs que je comprends très-bien, on ne peut trouver que des mesures à cinq, six et sept temps, que j'appellerai quintenaires, sextenaires et septenaires ; de sorte qu'aux trois espèces octavales et aux trois espèces duodécimales, il faudra plus tard ajouter les trois espèces ci-dessus, ce qui donnera douze espèces de mesures, 2 fois 8, 3 fois 8, 4 fois 8, 5 fois 8, 6 fois 8, 7 fois 8, pour le genre octaval, et 2 fois 12, etc., etc., pour le genre duodécimal.

On voit, par là, combien facilement mes signes se prêtent aux perfections de l'art musical.

Je pousse même mes prévisions plus loin ; notre éducation musicale ne peut guère apprécier cinq durées égales dans une unité de mesure ; car pour les débutants, l'appréciation de trois sons à durées égales dans une unité est une difficulté réelle pour les élèves. Mais j'espère que plus tard un troisième genre rhythmique pourra être ajouté aux deux qui constituent la musique moderne : ce genre, je l'appellerai vingtenal, parce que l'unité serait représentée par vingt, lequel étant décomposé donnerait cinq quatre (44444).

Je résume. Ma nouvelle classification rendra la théorie du rhythme extrêmement facile à comprendre, et les nouvelles dénominations sont telles, qu'elles ne pourront jamais s'oublier.

Il faut conclure aussi de ces simplifications que l'intonation y gagnera beaucoup : l'esprit et les sens, nullement préoccupés des difficultés des signes rhythmiques, pourront se porter plus librement sur les grandes difficultés relatives à la reproduction du son.

2° *Des signes rhythmiques.*

C'est ici que je puis m'écrier avec joie, PLUS DE TRAVAIL DE MÉMOIRE ! ! En effet, tout le monde connaît les chiffres arabes et leur usage ; les enfants, dès l'âge le plus tendre, savent que 8 est la moitié de 16, le tiers de 24, le quart de 32, etc., que 4 est la moitié de 8, le quart de 16, le huitième de 32, etc. ; que 12 est la moitié de 24, etc., etc. : donc dès la première leçon, ils connaîtront, par l'usage de ces signes, les valeurs rhythmiques lesquelles demandent un temps considérable, dans le système usuel ; je puis même affirmer qu'on ne les sait jamais parfaitement, si l'on ne fait pas de la musique à peu près tous les jours, et qu'on les oublie complétement si on reste quelques mois sans les voir. Mais dira-t-on, je ne trouve rien d'extraordinaire dans la nouvelle application que vous faites des chiffres arabes : eh ! certainement si nos grands maîtres avaient cru que leur adoption eût simplifié la musique, ils s'en seraient servi. — Je répondrai que la chose en effet est extrêmement simple ; et c'est parce que cette application a ce caractère de simplicité qu'elle n'est pas venue à l'esprit des réformateurs. La vapeur existe évidemment depuis qu'on fait usage du feu ; d'où vient donc que les applications merveilleuses de cet élément vaporeux, n'ont eu lieu que depuis quelques dizaines d'années ; c'est parce que dans le plus grand nombre de cas les idées les plus simples ne se présentent à l'esprit humain que difficilement.

Il n'est pas difficile de prouver qu'il est impossible de trouver des signes plus rationnels et plus faciles à confier à la mémoire. Tous les réformateurs de signes musicaux seront donc forcés d'avouer que leurs systèmes, considérés au point de vue du rhythme, seront toujours de beaucoup inférieurs à celui dont je suis auteur.

Il est à remarquer que dans une multitude de cas j'emploie un signe simple, lorsque dans le système usuel on est forcé d'employer un signe dérivé, c'est-à-dire une note pointée, ce qui est un avantage dans la nouvelle écriture. Ainsi, les nombres 3, 5, 6, 7, 12, 14, 15, 20, 24, etc., employés fréquemment dans la musique, répondent à des notes simplement, doublement ou triplement pointées.

« La musique est une science qui doit avoir des règles certaines; ces règles doivent être
» tirées d'un principe évident, et ce principe ne peut guère nous être connu sans le secours
» des mathématiques : aussi dois-je avouer que, nonobstant toute l'expérience que je pou-
» vais m'être acquise dans la musique, pour l'avoir pratiquée pendant une assez longue
» suite d'années, ce n'est cependant que par le secours des mathématiques que mes idées
» se sont débrouillées, et que la lumière y a succédé à une certaine obscurité dont je ne
» m'apercevais pas auparavant. » (RAMEAU.)

3° *De la séparation des unités de mesure.*

L'emploi du signe + (*plus*), est d'une application précieuse dans mon système. Avec ce signe connu de tous les calculateurs, toutes les unités peuvent être sensiblement séparées, en laissant entre elles un intervalle au choix du compositeur. Cette séparation facilite d'une manière extraordinaire, la lecture d'un air quelconque. Cet avantage ne peut pas être universellement pratiqué dans le système usuel ; dans les cas où cette séparation pourrait se faire, les compositeurs ne la pratiquent pas, uniquement par indifférence ou ignorance.

L'emploi du signe × (*multiplié par*), est encore d'une application importante toutes les fois qu'il y a plusieurs mesures de silence. Ce cas étant rare, les signes du système usuel qu'on appelle bâtons s'oublient très-facilement, tandis qu'il n'en est pas de même du nouveau.

4° *De la langue rhythmique.*

La langue rhythmique constitue encore une partie très-importante du nouveau système. Elle est basée sur ce grand principe d'une application perpétuelle, qu'il faut, surtout avec les enfants, diviser les difficultés, et ne les présenter à l'intelligence humaine que l'une après l'autre. Rollin a dit : *la science ne doit entrer dans la tête des enfants, que goutte à goutte.*

Quand on enseigne, surtout à des groupes d'élèves, ce nouveau moyen est même indispensable. Il peut même être pratiqué par des personnes non musiciennes, puisque je le ramène à une simple question d'arithmétique. Ainsi dans une classe, un professeur non musicien pourrait fort bien exercer des enfants à faire des mesures très-régulièrement.

La pratique du nouveau moyen sera donc une perfection de l'art musical, puisque le rhythme pourra être mieux observé qu'on ne le fait dans les concerts, les théâtres, etc.

5° *Du rhythme chanté.*

Le rhythme chanté est encore d'une application importante ; il est basé sur le principe précédent.

6° *Des chœurs rhythmiques.*

Ici les élèves s'exercent longtemps au rhythme, science aride, sans se fatiguer ; et ils se préparent par là à chanter en chœur avec une précision véritablement mathématique. On peut faire de ces exercices pendant des heures entières sans se fatiguer.

7° *De l'aspiration.*

L'usage général de l'aspiration est encore un moyen qui a l'avantage de l'étoile ; mais qui s'emploie spécialement pour éviter les hiatus, etc. Dans le système usuel, on emploie des signes de silence dans le cas où j'adopte l'aspiration, ce qui, dans le premier cas, complique sensiblement la mesure.

8° *Du chronophone Delcamp.*

Je crois rendre un service à l'art musical, en donnant au public un moyen peu coûteux de déterminer le mouvement d'un air. Par ce moyen la pensée des auteurs ayant rapport au rhythme sera toujours très-bien rendue. Il sera très-utile dans une classe, pour forcer les élèves à s'habituer à un mouvement uniforme; car sans cela les enfants et même les adultes, changent à leur insu le mouvement; en regardant le chronophone ce défaut se corrigera bien vite.

« Il serait avantageux à la science que cet inestimable instrument (le métronome), que le » génie a inventé pour l'une des grandes nécessités, pût lui être universellement associé; » c'est la chose dont elle aurait besoin pour être en état de porter jusqu'aux peuples les plus » éloignés, l'expression juste et intacte des idées du compositeur. Mais le prix élevé de cet » instrument nuit à sa propagation, et prive l'art d'une indispensable auxiliaire au moyen » duquel il pourrait infailliblement assurer l'expression réelle de la composition et la garan- » tir des interprétations ambiguës et contradictoires qu'elle a ordinairement à subir en » passant par différentes mains. » (O. Donnelly.)

APPRÉCIATION DE QUELQUES MOYENS GÉNÉRAUX.

1° *Rectification du langage.*

« Nous avons remarqué que le développement de nos idées et de nos facultés, ne se fait » que par le moyen des signes et ne se ferait point sans eux; que, par conséquent notre ma- » nière de raisonner ne peut se corriger qu'en corrigeant le langage et que tout l'art se ré- » duit à bien faire le langage de chaque science. » (*Traité de la logique.*)

Vingt années passées dans l'enseignement des enfants, m'ont donné l'expérience de ce qui est le plus à leur portée; je crois donc que la partie néologique de mon système aura pour but de faciliter l'intelligence de la théorie musicale. Je ne citerai que quelques-uns des mots nouveaux, pour faire comprendre qu'ils sont réellement indispensables pour la clarté des explications, et que je ne les emploie pas pour obtenir le vain titre de néologue.

Je supprime le mot *mode*, et je le remplace par le mot *genre* qui est un mot important dans les méthodes. En effet, il y a deux genres de gamme, le genre majeur et le genre mineur; dans chaque genre, il y a 17 espèces de gammes, une naturelle et seize artificielles; parmi les artificielles, il y en a huit à bémols et huit à dièses. Cette distribution justifie parfaitement l'emploi de ce nouveau mot.

Le mot *intervalle* remplace celui de *ton*, dont les acceptions sont devenues, même dans la musique, trop nombreuses. Ainsi, au lieu de dire un ton, un demi-ton, je dis un grand, un petit intervalle; monter, descendre d'un degré, d'un demi-degré, etc.

Les mots *octaval*, *duodécimal*, *deux fois huit*, etc., *chromaticité*, *enharmonicité*, *modulatif*, *gammique*, *homogène*, *hétérogène*, *diagramme*, *diagrammique*, *majeur*, *mineur*, signifiant tout ce qui a rapport à la gamme majeure ou mineure, *chronophone*, sont des mots dont quelques-uns sont nouveaux, et ceux qui ne le sont pas reçoivent dans la musique des applications nouvelles.

Si la musique jusqu'ici est reconnue inintelligible, cela tient en partie à l'obscurité du langage. Je devais donc, en qualité de réformateur, porter mon attention sur la technologie musicale.

2° *Suppression des termes italiens.*

L'emploi des termes italiens n'est basé que sur une question d'amour-propre. En effet, certains hommes se passionnent facilement pour les connaissances qui ne peuvent pas se généraliser, et le vulgaire même attache une idée de supériorité à tout ce qu'il ne sait pas. Le prestige que nous donne l'étude de ces mots détachés de la langue italienne, amène le défaut d'affectation. Dans la conversation même, on cite avec orgueil de ces mots qui rabaissent celui qui n'a pas eu le temps de les étudier, et tandis qu'on croit faussement attirer l'attention du public, on ne s'attire souvent que le mépris.

La langue française est celle qui est le plus répandue en Europe; donc, en introduisant dans la musique européenne l'usage exclusif des termes français relatifs aux agréments musicaux, on fait un acte essentiellement national. En outre on raye d'un seul coup de plume des difficultés beaucoup plus grandes qu'on ne se le figure, car il faut avoir une mémoire prodigieuse pour retenir tous ces mots qui, dans la pratique, sont portés à plus de cent; et lesquels souvent n'apparaissent à nos yeux qu'à des intervalles très-éloignés; aussi le dictionnaire italien doit-il être dans la poche de la plupart des musiciens, comme un touriste porte sans cesse à la main le dictionnaire du pays qu'il visite. On porte à 1,700 les mots italiens usités dans la musique.

L'usage de ces mots est tellement reconnu comme une difficulté que les parents riches font même apprendre la langue italienne, afin de mieux comprendre les termes musicaux.

L'emploi des termes français m'a permis de donner des classifications parfaitement graduées et intelligibles; on aura donc un moyen de plus pour faciliter l'intonation, pour établir une unité d'exécution dans les chœurs, et pour reproduire plus scrupuleusement les mélodies.

3° *Classification nouvelle.*

Habitué depuis l'âge de quinze ans à mettre de la méthode, de l'ordre dans mon enseignement, je me suis perfectionné dans l'art de présenter des faits dans l'ordre le plus conforme à l'intelligence humaine. Par le soin que j'ai mis dans la division et les subdivisions des faits musicaux, j'ai mis la musique à la portée de toutes les personnes savantes ou non qui veulent, sans devenir musiciennes, se rendre un compte exact d'un art qui entre par son importance dans l'économie de la création.

Parmi les classifications importantes, je citerai celle qui se rapporte aux noms donnés aux éléments de la gamme; celle qui a trait aux gammes mêmes, aux sons d'agrément, aux nuances phoniques, aux termes d'expression, au rhythme, etc.

En portant le flambeau de la logique dans ces diverses matières, présentées d'une manière si obscure dans le système usuel, j'ai la certitude d'augmenter, par ce seul fait, le nombre des musiciens; car lorsque l'homme peut se mettre à même, par la simple lecture, de comprendre une chose, il fait facilement certains sacrifices pour s'approprier ce qu'il comprend bien. L'intelligence éclairée au reste agit dictatorialement sur certaines facultés, qui obéissent au reste d'une manière admirable à la puissance de l'esprit qui comprend.

4° *De l'étoile.*

L'usage de l'étoile est une idée nouvelle basée sur ceci, que pour attaquer une difficulté quelconque, il faut attirer l'attention de l'élève sur le fragment où elle se trouve.

5° *Du solfége de la nouvelle notation.*

Ici encore je suis entièrement dans la voie des réformes. Le principe que *tout est dans tout*, m'a guidé dans ce nouveau travail. En effet, j'ai cherché à réunir dans un espace très-restreint tous les exercices nécessaires, pour vaincre les difficultés phoniques et rhythmiques. J'ai suivi à peu près la marche de tous les auteurs de petits traités de lecture française, qui renferment dans quelques pages, pour ne pas effrayer les enfants, toutes les difficultés de la lecture.

On a dû remarquer les nombreuses variations que je fais subir à la plupart de mes exercices.

Ainsi donc au lieu de ces gros volumes remplis d'exercices nécessaires avec une écriture défectueuse, quelques pages bien étudiées, suivies de quelques applications, suffiront pour atteindre le même but.

Une des parties les plus importantes de mon solfége, se compose d'airs connus. C'est dans l'étude de ces chants qu'on se convaincra que les signes sont parfaitement en rapport avec les faits musicaux qu'on a dans l'oreille. Les élèves trouveront donc là un encouragement sûr ; ils se formeront des convictions sur la simplicité de la musique ; et ils pourront faire facilement une application des éléments de la théorie.

Une autre partie bien plus importante encore que la précédente, termine mon solfége : c'est celle qui se compose des premiers fragments de près de cinquante chants. On peut lire dans la méthode les motifs qui m'ont déterminé à donner ce nouveau travail.

Après ces études, l'élève pourra quitter les exercices fastidieux et abstraits des solféges, pour se jeter hardiment et avec confiance dans le domaine immense des productions musicales. C'est là où il commencera à goûter le fruit d'études laborieuses.

Tous les musiciens savent que le commencement d'un chant offre de nombreuses difficultés quant aux sons et quant aux rhythmes, puisqu'il faut reconnaître d'abord l'espèce de gamme, l'espèce de rhythme, etc.

6° *Les instruments monogammiques ou à pièces de rechange ou à mécanisme gammique, rendus plus faciles.*

Les instruments monogammiques sont ceux qui n'ont qu'une série ou peu de séries gammiques instrumentales. Le violon, par exemple, a autant de séries gammiques de positions qu'il y a de gammes.

Plusieurs instruments en cuivre sont monogammiques ; tous les instruments à clavier pourraient avoir cette qualité, si on voulait les perfectionner.

Voici les avantages qu'offre ma nouvelle musicographie à propos des instruments mono gammiques.

1° Il n'y aura plus de contradiction entre l'écriture de la plupart des instruments et celle des instruments monogammiques, les premiers donnant des sons plus aigus ou plus graves au moyen de l'armure, et les autres au moyen des pièces de rechange ou de l'emploi d'un mécanisme; on pourra bien plus facilement alors se rendre compte de l'harmonie exécutée par divers instruments, puisqu'il y aura unité d'écriture. Une partition écrite de la sorte a tous les inconvénients d'un écrit quelconque, d'une affiche, par exemple, écrite dans plusieurs langues. Les compositeurs éviteront aussi dans leurs travaux les détails fastidieux de l'emploi de gammes identiques écrites avec des armures différentes.

2° Le musicien jouant d'un instrument monogammique n'aura donc dans le plus grand nombre de cas que la série *do, rè, mi, sol, bo, la, si, do,* noms des sept figures primordiales; le carré qui représente tous les primas, pouvant occuper les sept positions de la portée et par là exprimer les primas des 34 gammes, il pourra jouer dans toutes celles qui sont usitées dans tel ou tel instrument, et cela sans rompre l'unité si utile de l'écriture des instruments polygammiques et de celle des instruments monogammiques.

7° *L'impression de la musique serait moins chère.*

Une quinzaine de brevets d'invention ont été obtenus pour l'impression de la musique par les procédés typographiques, ce qui prouve combien on attache de l'importance à une réforme sur ce point. Les procédés nouveaux, quoique remarquables, donnent des résultats très-imparfaits, puis la composition est trois ou quatre fois plus chère que celle qui se fait en gravant sur le zinc.

Par l'emploi de mes signes, le problème est parfaitement résolu comme netteté et bon marché, puisque tout compositeur typographe, sans étude préalable, pourra composer de la musique à peu près au même prix que la composition en caractères alphabétiques.

Sous ce rapport, mon système a une importance qu'une multitude de personnes sauront apprécier.

8° *Universalisation de la musique par le nouveau système.*

L'avantage que je vais faire ressortir résume tout ce qui précède. En effet le but final de toute notation nouvelle n'est-ce pas de mettre à la portée de tous les hommes riches ou pauvres, pauvres ou riches d'esprit, ayant peu ou beaucoup d'aptitude musicale, un élément de bonheur qui entre incontestablement dans l'économie de la création?

Pour comprendre qu'il faut un système nouveau pour universaliser la musique, il faut prouver qu'avec le système usuel, il est impossible de faire pénétrer la musique dans les masses, vu le temps qu'il faut pour la savoir.

« Le temps est ce qui manque dans le cours de la vie, surtout à l'état de civilisation per-
» fectionnée de nos jours. Obligé d'apprendre une foule de choses diverses, on ne peut y
» donner qu'une attention fort légère, et l'on est forcé de n'en prendre que ce qui est le plus
» utile dans l'usage habituel. Les arts, considérés comme délassements, comme moyens de
» plaisirs, sont au nombre des objets dont on ne prend en général l'idée qu'en courant, et

» dont tout le monde se croit juge naturellement et sans travail. Ce n'est pas qu'on n'aime-
» rait à posséder sur ce qui les concerne des notions exactes, pourvu qu'il n'en coûtât pas
» plus de peine pour les acquérir qu'on n'en éprouve à se mettre au courant de la politique
» du jour, en lisant un journal. » (Fétis. — *Traité de musique.*)

Je serais trop long si je voulais faire la description ici des quarante-cinq vices du système usuel ; je ne citerai que quelques faits qui naissent d'une mauvaise écriture.

1° L'administration municipale de Paris a fait et fait encore de grands sacrifices pour populariser la musique ; dans toutes ses écoles communales, le jour et le soir, elle envoie deux ou trois fois par semaine de savants professeurs pour enseigner la musique ; que résulte-t-il de ces louables efforts? rien ou à peu près rien! car on confond ici, si l'on n'est pas sérieusement spécialités, *enseigner* et *apprendre* ; on y développe un peu l'oreille, la voix et le sentiment rhythmique, et voilà tout ; mais quant à apprendre la musique, c'est-à-dire à donner le précieux et difficile talent de lire un morceau quelconque, sans le secours d'un instrument ou d'un professeur, c'est un but à peu près impossible à atteindre. On parvient cependant, grâce à un choix judicieux d'aptitudes remarquables, à former des chœurs où les chefs-d'œuvre sont très-bien interprétés ; mais combien ces élèves qui les forment sont peu nombreux, et quel mal le professeur doit se donner pour arriver à bonne fin !

Je résume et je dis : Si l'activité très-louable des membres des comités de Paris voués à l'enseignement, s'était portée sur un système de notation plus rationnel et plus à la portée des intelligences ordinaires, au moment où j'écris il n'y aurait pas un agriculteur, même dans nos communes les plus arriérées, qui ne pût unir agréablement sa voix au chant matinal de l'alouette ; il n'y aurait pas un citadin qui ne sût trouver, dans les productions de nos compositeurs, des chants dont le rhythme pût se marier aux mouvements cadencés de son métier ou de son marteau ; il n'y aurait pas un voyageur qui, pour vaincre l'ennui que produit l'isolement, ne fût à même de faire entendre les accents de sa voix aux hôtes des bois qu'il traverse et aux échos des rochers qu'il gravit ; il n'y aurait pas un père de famille qui, entouré de ses enfants, ne goûtât, au milieu des éléments harmoniques, tout le charme de mélodies enchanteresses : la puissance secrète de la musique lui enlèverait les fatigues du jour, et son âme, inondée des joies de la famille, s'élèverait à ces hautes considérations spirituelles que les hommes à jouissances matérielles ne peuvent comprendre ; le dévouement paternel, l'affection filiale, découleraient par torrent de ces réunions où toutes les voix se confondent dans une puissante harmonie, où toutes les âmes se nourrissent de ce pain mystique qui nous distingue des êtres inférieurs et nous rapproche de la Divinité.

En un mot, il n'y aurait pas un seul individu qui ne fût en position de s'identifier avec les diverses productions musicales, pour satisfaire une curiosité bien légitime, pour goûter les charmes d'un nouveau rhythme ou d'une combinaison savante relative à l'intonation ou à l'harmonie : de même que l'esprit de l'homme se délecte par la lecture des chefs-d'œuvre littéraires de nos grands écrivains. Tous les hommes auraient à leur disposition un nouvel élément de plaisirs, conséquemment un moyen de devenir plus religieux et plus moraux ; car plus les jouissances de l'esprit sont rares, plus les penchants déréglés se développent. Les législateurs ne doivent donc pas perdre de vue qu'ils auront fait de bonnes lois lorsqu'ils auront atteint l'équilibration des jouissances de l'âme avec les jouissances purement matérielles.

A Paris, on apprend infiniment peu de musique, au moins parmi les enfants du peuple.

Je sais bien qu'il y a une multitude de personnes qui se disent musiciennes parce qu'elles ont jeté les yeux, pendant quelques mois, sur la portée; parce qu'elles peuvent dire, encore très-lentement, ceci est un *do*, un *la*, etc., ou ceci est une *ronde*, une *blanche*, et qui seraient incapables de produire avec la voix un *do*, un *la*, ou de mesurer une *ronde*, une *croche*, une *noire* pointée, etc. On comprend que cette connaissance au point de vue pratique de la musique n'est rien ou à peu près rien.

Ceci me rappelle ces cuisinières auxquelles on demande : Savez-vous lire? — oh! oui! — Lisez donc le commencement de cette page. — Je ne puis pas, c'est imprimé trop fin. — Voici un petit livre de lecture où les lettres sont plus grosses, lisez-donc. — Ah! mais je vous dirai qu'il y a près d'un an que je n'ai pas lu, mais je vais vous nommer les lettres. Voilà à peu près la situation de plusieurs milliers de personnes qui se décorent du titre si flatteur de musicien.

Il n'y a à Paris qu'un seul établissement où l'on apprenne dans la véritable acception du mot, la musique : c'est le Conservatoire. Mais l'existence de ce fait est la preuve la plus palpable des difficultés des signes musicaux. En effet, pour atteindre ce but, que fait-on? on choisit sur une multitude d'élèves en dehors de cette école, celui ou ceux qui ont des capacités musicales exceptionnelles. Que fait-on encore? à ces élèves nés musiciens, on donne les professeurs les plus remarquables de l'Europe; d'un autre côté, ces jeunes gens s'occupent exclusivement de musique, et sont poussés personnellement à cette étude par des motifs très-puissants d'intérêt. Aussi, quand on me dit : — Vous dites que la musique usuelle est hérissée de difficultés, allez donc entendre ou questionner les élèves du Conservatoire et vous serez convaincu du contraire. Le beau prétexte pour s'opposer systématiquement et par des motifs d'un étroit égoïsme, à l'adoption d'une notation rationnelle qui pourrait faire autant de lecteurs musiciens qu'il y a en France de personnes sachant lire dans les livres!

« Nous n'avons pas de ville en France où le goût du chant soit universellement répandu. » Dans Paris même, où résident tout ce que nous avons de compositeurs et de virtuoses » chantant ou exécutant de première force, le peuple, la bourgeoisie et même la première » classe de la société n'a ni l'oreille, ni le goût formé; l'on n'entend communément dans » les salons comme dans les carrefours que des sons faux, blessant les oreilles délicates. » L'éducation musicale est essayée à Paris, et à plus forte raison, dans le reste de la France, » sur une infiniment petite portion des habitants, et précisement sur celle qui n'est point » obligée de travailler pour la rendre fructueuse; d'où il résulte que, soit que la nature l'ait » douée ou privée des dispositions nécessaires, la société n'en peut généralement espérer » aucun avantage.

» En Italie, tout le peuple des villes, surtout, entend chanter dès son enfance ; les églises » comme les places et les boutiques, retentissent d'une harmonie continuelle ; c'est pourquoi » tout individu qui est apte à chanter, à quelque classe qu'il appartienne, se trouve, pour ainsi » dire, forcé de savoir, et de faire savoir à d'autres qu'il ne lui manque que du travail » pour développer un virtuose. Aussi l'histoire de chaque célèbre chanteur d'Italie se borne-» t-elle généralement à celle-ci : étant enfant ou jeune homme, il a été entendu chantant » par un amateur riche; celui-ci s'est chargé de faire développer les talents qu'il a reconnus » dans le futur virtuose et ensuite, ce dernier est devenu l'ornement de la scène. »

(Morel, de l'Ecole polytechnique. — *Traité de musique.*)

« Une chose qui étonne tous les jours les observateurs, c'est de voir que, dans le grand nombre de ceux qui ont appris la musique, il s'en trouve si peu qui sachent la lire de vive voix. La plupart ont besoin d'interroger leur violon, leur piano, leur flûte, pour déchiffrer la romance nouvelle; et c'est en effet l'instrument qui la lit pour eux. »

« Voilà des idées qui font un singulier trajet; la vue des signes écrits, fait agiter les doigts; les doigts excitent l'instrument, et l'instrument prononce la pensée. Mais pourquoi la vue des signes ne dit-elle directement rien à l'esprit du lecteur? Parce qu'il ne sait pas la musique vocale.

» Qu'est-ce que la musique, sinon l'art de parler, de lire et d'écrire le chant, sinon une langue dans laquelle, ainsi que dans toutes, des idées (ce sont les airs) sont attachées à des signes institués pour les rappeler; tant que celui qui considère les signes ne sent pas se réveiller en lui d'idées mélodieuses, et que réciproquement des idées qu'il entend exprimer ne lui rappellent pas leurs signes, on est fondé à dire qu'il ne connaît pas cette langue.

» On peut, en sachant bien la musique, ne pas posséder les qualités qu'exige une agréable exécution, comme on peut, en ne la sachant pas, avoir une voix très-souple, très-sonore, et beaucoup de goût; et c'est un préjugé de croire qu'il n'y ait que de belles voix qui soient capables d'apprendre la musique; dès qu'elles chantent juste la gamme, c'est-à-dire, le premier tétracorde ou le second, car ils se ressemblent exactement, on peut devenir musicien.

» La voix se distingue entre les instruments comme en étant un dont tout le monde sait jouer; par cette raison, il doit être antérieur aux autres, dans une étude un peu bien ordonnée; et comme chacun le porte avec soi, c'est celui qui est susceptible de la plus grande perfection, parce qu'on y peut faire le plus d'exercices. De combien de sentiments de l'âme n'est-il pas l'interprète, et dans quelles classes de la société, dans quelle situation de la vie n'est-il pas mis en jeu? c'est donc celui qui doit commander à tous. Il est le moyen immédiat que la nature nous donne pour exprimer nos idées et pour en rappeler les souvenirs, il en est le premier signe, et c'est toujours à lui qu'elles se rapportent, par lui qu'elles se réveillent.

» La science du musicien est donc dans la musique vocale avant tout autre, c'est-à-dire qu'elle est dans la musique, ce qui est assez évident.

» Quand on réfléchit qu'il n'est presque personne qui ne chante des poésies légères, personne qui ne retienne aisément de mémoire des airs même difficiles, on s'étonne que la musique ne soit pas plus généralement connue dans la juste acception de ce mot; on se demande comment il se fait qu'on apprenne en trois ou quatre ans les mathématiques, en six ou huit ans le latin, les lettres, l'histoire, et que, dans le même temps on ne sache pas suffisamment la musique. Mais quand on compare le grand nombre de ceux qui parviennent à la savoir, alors on est effrayé de la disproportion, et l'on en veut connaître la cause; vainement on la chercherait dans la différence des esprits; il la faut donc chercher dans les moyens d'instruction.

» Cependant, pourrait-on dire, n'est-ce pas par ces méthodes qu'ont été formés nos grands musiciens? non, répondrai-je, ce n'est point par elles, c'est malgré elles. Tout homme lancé dans une fausse route, et qui s'en aperçoit, se hâte d'abord d'en sortir; mais l'on aurait tort de dire ensuite que c'est par elle, puisqu'il y est entré, qu'il arrive à son terme. De même l'homme de génie, entravé par les préjugés d'une fausse éducation, s'en débarrasse bientôt; il régénère ses idées sur un plan qu'il est seul capable de concevoir. C'est ainsi que se sont formés nos grands hommes de tout genre. Le mal est, pour nous, que ces génies élevés n'aient pas voulu prendre la peine de développer leur plan de réformes, soit qu'ils y attachassent trop ou trop peu de prix ; nous saurions aujourd'hui probablement des choses qui feront à l'avenir la matière de bien des découvertes. » (GALLIN.)

2° Le moyen le plus naturel et le plus puissant pour universaliser la musique, serait de l'apprendre aux enfants dès l'âge de quatre ans, et conséquemment de l'apprendre à tous les élèves de toutes les écoles de France. Mais par la notation usuelle, la réalisation de ce projet n'amènerait pas à grand chose ; car l'enfant se dégoûte bien vite, non pas des chants, mais des règles fastidieuses, difficiles, qu'il faut étudier pendant des années pour apprendre à chanter ; puis elles sont si nombreuses, qu'elles sont oubliées bien vite. En outre, il faudrait que les élèves, quand ils quittent l'établissement, puissent pratiquer facilement la lecture musicale, comme ils pratiquent la lecture française ; sans cela, au bout de quelques mois, il ne reste plus rien dans leur tête de ces milliers d'hiéroglyphes, qu'ils ont toujours interprétés difficilement, et encore à l'aide de professeurs intelligents.

Le système nouveau est loin de donner des résultats aussi insignifiants que les précédents. Que donne-t-il en fait de règles à confier à la mémoire : sept signes constrastant entre eux ; voilà à peu près tout ; car, quant aux signes de durée, il est impossible de les oublier.

Il m'est arrivé, dans les maisons d'éducation où les parents qui paient font un peu la loi, d'être forcé d'enseigner à leurs enfants la notation usuelle. Eh bien ! au bout d'un an, et à propos d'une solennité, j'ai repris ma notation qu'ils avaient apprise un an avant pour leur apprendre quelques chœurs, ils solfiaient presque aussi bien que si on n'avait pas interrompu. En effet, les nombreux signes de position qu'on retient si difficilement ; les nombreuses séries gammiques qui entravent l'intonation, les signes de durée simples et dérivés qui font le désespoir des mémoires les plus heureuses, n'existent plus. Tout devient une affaire des yeux. L'aspect de ma portée étant chargé de figures géométriques portant en elles-mêmes leur signification, ni l'esprit qui est si paresseux, ni la mémoire qui est si capricieuse, ne sont mis à contribution. Un chant quelconque écrit selon la méthode nouvelle produit à peu près l'effet d'un panorama, c'est-à-dire que chaque morceau offre l'ensemble de toutes les règles de la musique.

Donc avec ce système, l'enfant possédera, longtemps avant de sortir de l'école, l'art de lire la musique ; et ce précieux talent se conservera parfaitement, parce qu'il est un âge où comprenant mieux l'importance des arts dans les sociétés civilisées où tout le monde s'efforce d'apporter un tribut de talents pour se rendre utile à tous, on pratiquera journellement la musique parce qu'immédiatement on pourra, dans le monde, en recueillir les précieux fruits.

3° Par suite du peu de travail que demande l'étude de la nouvelle notation, laquelle roule conséquemment sur des chants qu'on peut reproduire dans les réunions, on passionnera les jeunes gens pour la musique, lesquels, au lieu de perdre leur temps à des choses futiles ou dangereuses, suivront avec plaisir des cours qui, dans peu de leçons, leur donneront un talent qu'ils aiment, et qui attire toujours la considération publique.

Je vais prouver qu'une heure suffit pour retenir les règles conventionnelles.

Il existe sept sons naturels avec lesquels on a composé et on peut composer des millions d'airs ; ces sept faits phoniques sont exprimés par sept figures originales, contrastant entre elles, simples, intuitives ; les monosyllabes gammiques si connus servent à les nommer, et on les retiendra très-facilement, puisque la forme de chacune de ces figures rappelle le mot qui l'exprime.

L'élève connaîtra les figures (les notes) à la première leçon.

Les règles rhythmiques sont encore plus faciles à saisir pour l'élève qui connaît les éléments de calcul suivants : 2 est la moitié de 4, le quart de 8, le huitième de 16 ; 4 est la moitié de 8, le quart de 16, etc. ; 3 est la moitié de 6, le tiers de 9, le quart de 12 ; 12 est la moitié de 24, le tiers de 36, le quart de 48.

Voilà donc les signes qui fixent la reproduction des faits principaux de la musique ; or, il est clair que, sans être musicien, on peut comprendre qu'une leçon suffit pour les retenir.

9° *Universalité des nouveaux signes.*

Les signes nouveaux ont la qualité précieuse d'être universels. En effet, les sept signes géométriques et les dix chiffres arabes sont connus de toute l'Europe ; les étrangers n'éprouveront donc aucune répugnance à pratiquer le nouveau système. Tandis que des signes inconnus excitent, dès leur apparition, une répulsion très-nuisible au progrès des arts.

10° *Conséquences de la substitution de notre système à l'ancienne notation, dont la plupart se rapportent au développement de l'art musical.*

Voici les résultats artistiques qu'amènerait l'adoption d'un système vraiment philosophique.

1. Il y aurait en France presque autant de personnes musiciennes qu'il y a de Français sachant lire ; un élément de bonheur incontestable pourrait donc se développer pour les plaisirs licites des sens et les douces émotions de l'âme.

2. Le musicien, n'étant pas arrêté dans ses études par l'obscurité et l'aridité des signes, aura une intonation plus juste ; les agréments du chant seront multipliés, et ceux qui existent, mieux reproduits ; les instrumentistes posséderont une exécution plus correcte et plus brillante.

3. Des rhythmes nouveaux seront ajoutés à ceux qui sont déjà connus, pour produire de nouvelles sensations ; j'en ai découvert plusieurs autres espèces que je ferai connaître plus tard.

4. L'harmonie étant rendue facile par notre système monogammique, tous les musiciens voudront s'initier aux secrets de cette science : les compositeurs seront donc obligés de rechercher de nouvelles combinaisons harmoniques pour captiver l'attention du public.

5. L'universalisation de la musique facilitera l'éclosion de grandes aptitudes musicales qui donneront à cet art une impulsion nouvelle, et aux réunions musicales le moyen de se décupler et de les rendre accessibles à toutes les fortunes.

6. La simplification des nouveaux signes amènera des perfectionnements dans les instruments de musique ; les élèves familiarisés de bonne heure avec la théorie musicale se laisseront moins effrayer par les difficultés.

7. Mon système, par sa qualification de monogamme, donnera l'idée de quelques instruments monogammiques peu coûteux, de pareils instruments exigeraient généralement une étude très-courte.

J'ai créé un clavier, pouvant s'adapter aux pianos modernes, dont le doigté de toutes les gammes est semblable à celui de la gamme naturelle; le piano, avec un nouveau clavier, serait donc monogammique.

8. La résolution que j'ai prise de formuler des séries gammiques où les éléments communs des gammes majeures et mineures sont exprimés par les mêmes signes, facilitera beaucoup l'intonation des mélodies mineures, l'introduction de nouvelles gammes et l'étude de l'harmonie.

9. Les poëtes qui composent des pièces fugitives, comme ceux qui font des couplets dans les pièces de théâtre qu'ils publient, pourront mieux approprier leurs vers aux exigences de la musique. Ils sont, en ignorant les règles de la mélodie, comme un architecte qui bâtit une maison sans en connaître la destination particulière.

La musique étant mise à la portée du pauvre comme du riche, du savant comme de celui qui ne connaît que quelques notions des sciences humaines, les juges, des productions musicales, seront innombrables; il y aura là pour les compositeurs une cause d'émulation et un motif puissant d'approfondir les lois de l'harmonie, afin de donner des morceaux de musique riches par les idées neuves, et par une juste application de la science harmonique.

Par l'application universelle de mes théories, on baissera les yeux quand on demandera : connaissez-vous la musique ? et qu'on sera obligé de répondre : non. A une semblable question on rit aujourd'hui, ce qui prouve combien les signes qui expriment les faits musicaux sont difficiles : on semble dire par là que cet art n'est et ne doit être connu que de quelques hommes favorisés de la nature.

TROISIÈME PARTIE.

UTILITÉ DE LA MUSIQUE.

1. Le développement incessant de la civilisation exige des réunions où les hommes en se rapprochant apportent au bonheur commun les dons qu'ils ont reçus de la nature ou les talents qu'ils ont acquis par le travail. L'un charme la société par une grande facilité d'élocution; l'autre par des reparties fines qui réveillent l'esprit et satisfont la curiosité; quelques-uns par leur amabilité et leurs prévenances flattent tout ce qu'il y a de plus délicat dans les secrets de l'amour-propre et commandent la pratique des vertus sociales par la considération qu'ils s'attirent. Mais ceux qui ont la puissance d'émouvoir tout le monde, de fixer l'attention générale, ce sont ceux qui sont parvenus, par quelques études, à chanter d'une manière agréable. En effet, il y a dans la voix de l'homme un secret, une vertu toute mystérieuse; elle se communique comme une étincelle électrique, saisit l'homme et l'ébranle jusqu'au fond du cœur.

Remarquez que le sentiment musical, par une prévoyance admirable de la nature, se trouve inné dans tous les hommes, et qu'il n'est pas de personne dont la voix ne puisse produire de vives sensations.

Ainsi, nous ne sommes plus à cette époque où il suffisait d'énumérer des titres de noblesse pour se dispenser de prendre, dans la société, toute initiative personnelle. Il faut maintenant que chacun apporte son tribut de talents, s'il veut avoir des droits à l'estime et à la considération, et si l'on ne veut pas se faire la réputation de misanthrope.

La musique fait diversion avec des études sérieuses; elle éloigne de l'âme les affections basses qui contrastent avec les sensations sublimes que produit cet art; elle soulage l'homme, au milieu des travaux les plus pénibles, par le charme de l'intonation, du rhythme et de la poésie; elle contre-balance les douleurs physiques par les plaisirs qu'elle procure à l'âme. La perspective qu'on a toujours à sa disposition la cause des plus douces jouissances, fait que bien souvent cet appas séduisant éloigne des plaisirs illicites ou onéreux.

La science musicale, dit Villoteau, était regardée par les anciens comme la science de l'ordre, de l'harmonie, la régulatrice des arts et le modérateur des mœurs.

La musique accompagne l'homme dans toutes les situations de la vie, et l'on peut dire que partout elle est l'agent le plus actif, le plus fécond, le plus puissant, le plus général du plaisir. La musique détourne l'âme des sensations qui l'affectent, dit un auteur anglais, comme un bain de pied détourne une douleur de tête. Les hommes en réunion, dit Boëce, contractent en chantant ensemble une amitié pleine d'attraits, et il n'est aucun âge où l'on ne puisse goûter ce plaisir.

C'est dans l'harmonie que l'âme, fatiguée des travaux de la journée, a besoin de se retremper pour faire face aux travaux du lendemain; c'est dans le charme saisissant d'une belle exécution musicale que l'esprit oublie ses calculs, qu'il endort son activité, pour laisser au corps, reposé par le bain de mélodie, le suave engourdissement qui répare ses forces et double son activité.

Qu'on ne se figure pas que l'étude de la musique éloigne les enfants des études plus utiles; au contraire, l'âme puise de nouvelles forces dans la puissance de cet art; au reste, là où il y a diversion, il y a distraction et conséquemment repos de l'esprit.

2. Ne faut-il pas à une époque, où le goût de la musique commence à pénétrer dans toutes les classes, à une époque où elle est le sujet de tant de conversations, ne faut-il pas, dis-je, apporter ses observations et décrire les impressions qu'elle produit, au lieu de rester muet comme lorsqu'on parle une langue qu'on ne comprend pas? Eh! ne double-t-on pas le plaisir lorsque l'esprit, éclairé par la culture de l'art, peut porter un jugement sur les productions musicales?

3. La pratique de la musique donne à l'ensemble de la figure un caractère de douceur, d'amabilité, d'exquise sensibilité qui attire l'admiration et fait naître une douce sympathie; le sourire devient plus gracieux, le regard plus doux; on ne voit plus sur la figure, par l'étude de cet art civilisateur, les mouvements nerveux ou désagréables.

4. L'étude de la solmisation et particulièrement de la vocalisation donne à la parole plus de sonorité, plus de corps, plus de moelleux, de velouté; le chanteur s'exerce sans cesse à moduler sa voix: conséquemment il s'en rend maître; il possède donc, pour la conversation ou la déclamation, un avantage immense sur celui qui n'a pas cultivé son organe vocal. Le son rauque, nasillard, pénible, inarticulé, forcé, timide, voilé, dur, sec, aigre, aigu, creux, se corrige de tous ces défauts et prend les qualités que les hommes de bon goût ont su déterminer. Le bégaiement est un accent mauvais qui peut se modifier par la culture du chant.

5. La pratique de la musique peut corriger un vice remarquable de la parole; il arrive souvent que de certains adultes et surtout les enfants parlent, lisent ou récitent trop bas; ce défaut se corrige bien vite par l'habitude du chant; pour cela, on fait monter la gamme, en reproduisant un certain nombre de fois le son à l'unisson duquel on veut faire parler, réciter, déclamer, etc., puis on termine en leur faisant dire quelques phrases à l'élévation déterminée: c'est ainsi qu'on peut faire perdre un défaut très-commun, parmi les enfants surtout.

« D'habiles maîtres ont pensé que quelques notions de musique pourraient être utiles, pour
» régler la voix. L'un des Gracques avait toujours à ses côtés, quand il parlait en public,
» un joueur de flûte pour lui donner le ton, ou pour l'y ramener, quand il l'avait perdu. S'il
» n'est pas nécessaire que l'orateur soit musicien, il l'est, au moins, qu'il ait le sentiment des
» tons, pour prévenir les défauts nombreux dans lesquels peut tomber et tombe ordinairement
» une voix peu mesurée et peu exercée. Le son de la voix ne saurait être arbitraire, parce qu'elle
» ne doit point cesser d'être naturelle. Elle a donc ses règles, et à l'étude desquelles il serait
» très-utile de joindre les premières connaissances du chant musical..... Quoiqu'il puisse en
» coûter de travaux et de peines, il faut que la prononciation soit agréable, car il sera toujours

» vrai de dire que l'âme se laisse prendre par l'oreille, et que la fiction a des chaînes d'or qui
» la captivent en réalité. » (GIRARD, *traité de Rhétorique*).

6. La danse est tout à la fois un exercice gymnastique très-utile à la santé, un sujet de distraction et une source de plaisir légitime. La société admet certaines danses assujetties à des lois uniformes que l'homme désireux de jouer un rôle dans une réunion doit connaître, s'il ne veut pas être classé sur la liste des indifférents ou des paresseux. Ces lois se rapportent aux pas et aux signes rhythmiques qui en expriment la durée et le mouvement. Il faudra au musicien beaucoup moins de temps pour apprendre une danse qu'à celui qui ne possédera pas ce titre. Avant de faire une exercice chorégraphique, il apprend l'air qui s'y rapporte, et dans ce cas, les jambes subissent facilement l'impulsion donnée par la connaissance du rhythme qu'il renferme. La plupart des musiciens ne prennent même pas des leçons de cet art : en apprenant l'air d'une danse et en la voyant exécuter, ils n'ont pas besoin de professeur.

7. Il est des circonstances solennelles où la pratique universelle de la musique pourrait exercer une influence salutaire sur les idées des hommes. On ne saurait croire combien l'enthousiasme, le courage, la persévérance, sont excités par l'exécution de chant en rapport avec les idées qu'on veut faire naître, et le but qu'on désire atteindre. Un sage législateur pourrait retirer de cette disposition des résultats incalculables.

« Rappelez-vous que la *Marseillaise* et le chant *du Départ* ont gagné plus de victoires et
» fait plus de conquêtes que le canon et la mitraille, et que souvent le génie de nos généraux
» les plus célèbres aurait été impuissant ; sans cette auxiliaire magique au milieu des combats
» et des champs de bataille. Remontez-donc cette lyre orphéonienne, symbole de la puissance
» qui enfante des miracles ; elle fera palpiter tous les nobles cœurs, élèvera les sentiments,
» grandira les intelligences, et, d'échos en échos, électrisera le monde. »

« Ce fut une vue profonde dans ses législateurs, d'avoir fait servir la musique à modérer
» son ardeur dans le sein des plaisirs ou sur le chemin de la victoire. Pourquoi, dès les siè-
» cles les plus reculés, admit-on dans les repas l'usage de chanter les dieux et les héros, si
» ce n'est pour prévenir les excès du vin, alors d'autant plus funestes que les âmes étaient
» plus portées à la violence? Pourquoi les généraux de Lacédémone jettent-ils parmi les
» soldats un certain nombre de joueurs de flûte et les font-ils marcher à l'ennemi au son
» de cet instrument plutôt qu'au bruit éclatant de la trompette? n'est-ce pas pour suspendre
» le courage impétueux des jeunes Spartiates et les obliger à garder leurs rangs?

» Ne soyez-donc point étonné qu'avant même l'établissement de la philosophie, les États
» les mieux policés aient veillé avec tant de soins à l'immutabilité de la saine musique ; et
» que, depuis, les hommes les plus sages, convaincus de la nécessité de calmer plutôt que
» d'exciter nos passions, aient reconnu que la musique, dirigée par la philosophie, est un
» des plus beaux présents du ciel, une des plus belles institutions des hommes. »

(J.-J. BARTHELEMY.)

« Il serait possible que la nature eût doué le système auriculaire de certains peuples d'une
» aptitude pour l'audition plus grande que dans d'autres contrées. Dans ce cas, il faudrait aux
» uns moins de temps qu'aux autres, ou moins de perceptions préparatoires, pour terminer
» l'éducation de leur oreille ; mais alors il faudrait encore, chez les premiers, la coïncidence
» des institutions civiles et religieuses avec leurs dispositions naturelles pour que la musique
» fût cultivée et goûtée ; en sorte qu'il pourrait arriver qu'une nation moins favorisée qu'une

» autre par la nature, du côté de l'oreille, vit fleurir dans son sein l'art et les talents musicaux » qui pourraient même n'éclore jamais chez la seconde, si la forme de ses institutions opposait » trop d'obstacles à l'éducation de l'organe auditif de chacun de ses membres. »

« Il dépend donc généralement du gouvernement seul de rendre un peuple musical, et » nulle contrée n'est privilégiée naturellement, dans ce sens que les dispositions de ses habi- » tants leur suffisent seules pour goûter et créer la musique. » (MOREL.)

8. L'homme qui, au milieu de la civilisation moderne, vit loin des jouissances intellectuelles que lui offrent la littérature et les arts, qui ne comprend et ne savoure que les plaisirs physiques, ne trouve, dans le monde organisé, que la brute pour modèle.

Une conviction profonde me fait croire que la nature a donné à l'homme des facultés musicales, et lui a donné le talent de produire, sans étude, les sons constitutifs de la musique, pour contre-balancer les jouissances purement matérielles, par des jouissances d'un ordre plus élevé ; pour développer en lui le sentiment de l'harmonie universelle, et le rendre plus moral et plus religieux.

« Il n'est rien de si insensible, de si cruel, dont la musique, du moins pour quelque temps, » ne puisse changer la nature ; l'homme qui n'a en lui aucune musique, qui n'est pas touché » par l'accord des sons harmonieux, est propre aux trahisons, aux stratagèmes, au brigan- » dage. » (SHAKSPEARE.)

Il (le chant) purifiera la guinguette ;
Il sanctifiera l'atelier. (BÉRANGER).

« Les législateurs anciens admettaient la musique dans le temple des dieux, pour y inspirer » la piété et l'amour de toutes les vertus ; dans les fêtes publiques, pour leur imprimer un » caractère moral ; dans les repas, pour en modérer les excès ; dans les combats, pour y » enflammer les courages. » (BOULAY, de la Meurthe.)

« Les hommes en réunion contractent, en chantant ensemble, une amitié pleine d'attraits, » et il n'est aucun âge où l'on ne puisse goûter ce plaisir. » (BOECE.)

O divine harmonie ! ô charme tout-puissant !
Qui de nous méconnaît ton pouvoir ineffable ?
L'Histoire, en te louant, te dispute à la Fable ;
Combien la Poésie est prodigue pour toi !
Elle pardonne : et tu peins l'allégresse et l'effroi
Dans ces noirs ateliers ; sous son toit solitaire
Tu charmes le travail, tu distrais la misère ;
Et du pied des autels, en sons mélodieux,
Élèves la prière à la voûte des cieux. (DELILLE.)

« En ce moment, des chants mélodieux frappèrent nos oreilles. On célébrait ce jour-là une » fête en l'honneur de Thésée. Des chœurs, composés de la plus brillante jeunesse d'Athènes, » se rendaient au temple de ce héros. Ils rappelaient sa victoire sur le Minotaure, son arri- » vée en cette ville, et le retour des jeunes Athéniens dont il avait brisé les fers. Après avoir » écouté avec attention, je dis à Philotime : je ne sais si c'est la poésie, le chant, la précision » du rhythme, l'intérêt du sujet, ou la beauté ravissante des voix que j'admire le plus ; mais » il me semble que cette musique remplit et élève mon âme. C'est, reprit Philotime, qu'au » lieu de s'amuser à remuer nos petites passions, elle va réveiller jusqu'au fond de nos cœurs » les sentiments les plus honorables à l'homme, les plus utiles à la société, le courage, la

» reconnaissance, le dévouement à la patrie; c'est que de son heureux assortiment avec la » poésie, le rhythme, et tous les moyens dont vous venez de parler, elle reçoit un caractère » imposant de grandeur et de noblesse; qu'un tel caractère ne manque jamais son effet, et » qu'il attache d'autant plus ceux qui sont faits pour le saisir, qu'il leur donne une plus haute » opinion d'eux-mêmes. Et voilà qui justifie la doctrine de Platon. Il désirait que les arts, » les jeux, les spectacles, tous les objets extérieurs, s'il était possible, nous entourassent de » tableaux qui fixeraient sans cesse nos regards sur la véritable beauté. L'habitude de la con- » templer deviendrait pour nous une sorte d'instinct, et notre âme serait contrainte de diri- » ger ses efforts suivant l'ordre et l'harmonie qui brillent dans ce divin modèle. »

(J.-J. Barthélemy.)

« Sans que je parle, déjà la puissance de l'harmonie est assez prouvée : tout l'empire de la nature est l'empire de l'harmonie; tout ce qui respire, tout ce qui est né sensible, subit sa loi. S'il est quelqu'un qui l'ose contester, il est sans entrailles, il est né sans doute dans l'absence des grâces, et sous un astre sinistre, au sein des rochers impitoyables, et parmi les animaux farouches. Que dis-je? les rochers mêmes et les plus farouches animaux sont sensibles à de touchants accords, et tiennent plus de l'humanité que ce cœur inflexible. A la voix de l'harmonie, cette reine aimable de l'air, les êtres les plus insensibles sont animés, les êtres les plus tristes sont égayés, les êtres les plus féroces sont attendris; partout où elle passe, la nature s'embellit, le ciel se pare, les fleurs s'épanouissent ; elle entre dans une solitude vaste, muette et désolée, bientôt par elle tout se réveille, l'affreux silence s'enfuit, tout vit, tout entend, tout prend une voix pour applaudir : sommets des collines, ruisseaux, vallons, antres des bois, tout répond à l'envi; l'air par ses doux frémissements, l'onde par son murmure, les oiseaux par leur ramage, les feuillages même par leur agitation harmonieuse, les zéphyrs en prolongent le plaisir d'échos en échos, de rivages en rivages : Amphion touche la lyre, les montagnes s'animent, les pierres vivent, les marbres respirent, les rochers marchent, des tours s'élèvent, une ville vient d'éclore ; je vois Thèbes.

» Sur quel nouveau spectacle mes yeux sont-ils transportés? ô crime! d'avares nochers vont précipiter dans les eaux un favori de Polymnie : cruels! arrêtez! ah! du moins avant sa chute qu'il lui soit permis de prendre encore une fois la lyre. Il la touche; à ses accents Amphitrite se calme, les aquilons s'envolent, les monstres des mers s'élèvent au-dessus des flots tempérés, et se rassemblent autour du vaisseau barbare : Arion en est précipité; un dauphin le reçoit, le porte au sein des vertes ondes, et le rend aux rives lesbiennes. C'est peu : l'empire de la terre et celui du trident ne suffisent point à la puissante harmonie; elle va porter ses conquêtes hors du monde même, et sur des plages inconnues au dieu du jour. Eurydice n'est plus : tendre époux et toujours amant, le chantre de la Thrace ose quitter les régions de la lumière; à la lueur du flambeau de l'amour il perce les profonds déserts du chaos; vivant, il descend chez les morts; sa lyre triomphante va lui frayer des chemins que ni l'or, ni les armes, ni la beauté n'ouvrirent jamais à des êtres animés : il marche intrépide; déjà il a pénétré aux brûlantes rives du Phlégéton, il passe; à sa suite la troupe ailée des Amours traverse l'onde noire : Orphée chante; à ses tendres accords l'éternelle nuit perd son horreur, l'éternel silence a cessé, l'éternel sommeil est interrompu; la mort retarde ses fureurs, un peuple d'ombres voltigeantes entoure le fils de Calliope; les tourments du Tartare sont suspendus; Porphyrion, Sysiphe, Ixion, Tantale, éprouvent de plus doux moments; Tisiphone est désarmée, la Parque oisive, Mégère attendrie; le monarque des mânes lui-même, tyran jusqu'alors inexorable, s'étonne de se trouver sensible ; trois fois il résiste, trois fois il est fléchi.

» Telles sont, Messieurs, les images parlantes et les éloquentes allégories sous lesquelles la première antiquité se plaît à nous peindre la puissance de l'harmonie dès les temps héroïques. Mais, pour marcher plus sûrement à la vérité, levons, si vous voulez, cette écorce des fables et ce voile de la fiction ; en voici la réalité. Par ces arbres animés, par ces rochers émus, par ces monstres attendris, nous comprendrons, et il est vrai, que les premiers humains, se sentant encore du chaos, encore errants, sans lois, sans mœurs, sans patrie, habitant enfin des antres sauvages, furent humanisés, attirés dans des murs, réunis sous des lois par les accords de quelques mortels déjà plus cultivés, qui dans des chansons engageantes, leur vantaient la beauté de la raison, les avantages de la société, les charmes de l'ordre. Par ces tourments infernaux soulagés et suspendus, nous comprendrons, et il est vrai, que souvent l'harmonie enchanta les maux et suspendit la douleur (1). De plusieurs preuves incontestables de cette vérité je ne veux que celle que nous offre cet insecte fameux et funeste aux champs de Tarente : mais ta puissance salutaire, harmonie charmante, fut toujours plus marquée encore sur les douleurs profondes de l'esprit ; seule tu connais les chemins du cœur ; seule tu sais endormir les chagrins importuns, assoupir les noirs soucis, éclaircir les nuages de la sombre mélancolie ; seule, par la rapidité de tes sons, tu viens rendre au sang, trop lent dans ses canaux, une circulation plus agile, une fluidité plus facile aux esprits engourdis, un jeu plus libre aux organes appesantis. Que je sois plongé dans un morne silence et dans de léthargiques rêveries, où trouverai-je un charme à mes ennuis opiniâtres? Sera-ce dans la raison ; je l'appelle à mon secours ; elle vient, elle m'a parlé ; hélas! je soupire encore : dans nos peines la raison elle-même est une peine nouvelle ; on cesserait de souffrir si l'on cessait de penser. Sera-ce dans l'enjouement des conversations amusantes? hélas! a-t-on la force de s'égayer avec autrui quand on est mal avec soi-même? Sera-ce enfin dans vos pompeux écrits, philosophes altiers, stoïciens orgueilleux? importuns consolateurs, fuyez ; en vain me prêcheriez-vous sous des termes fleuris une patience muette, une insensibilité superbe, une constance fastueuse ; vertus de spéculation, philosophie trop chimérique, vous ne faites qu'effleurer la superficie de l'âme sans la pénétrer, sans la guérir. Suis-je donc percé du trait mortel? les chagrins sont-ils invincibles? non ; vole dans mon cœur, riante harmonie ; une voix touchante vient frapper mon oreille, déjà le plaisir passe dans mes sens, des images plus gracieuses brillent à mon esprit, je me retrouve moi-même, je suis consolé : ainsi, à la gloire de cet art, souvent mille raisonnements étudiés du pointilleux Sénèque, valent moins pour distraire nos peines, qu'une symphonie gracieuse du sublime Lulli.

» Veut-on encore une preuve plus persuasive du pouvoir de l'harmonie, une de ces preuves de sentiment qui portent avec elles la conviction? qu'on parcoure avec moi la nature, qu'on l'examine, qu'on l'interroge, non-seulement dans ces esprits exercés, dans ces caractères cultivés, à qui les soins de l'éducation, joints à une raison lumineuse, ont inspiré le goût des arts charmants, mais dans ceux même qui semblent être réduits au seul instinct, dans les enfants, dans les habitants des campagnes, dans les sauvages, dans les barbares, dans les animaux même ; partout on reconnaîtra que tout ce qui vit a des liaisons naturelles, des convenances intimes, des rapports nécessaires avec la douce mélodie.

» Interrogeons la nature dans les ombres de l'enfance : je vois un berceau, un faible enfant

---

(1) Athénée, l. 4, ch. 11.

y pleure, une mère alarmée le menace, tonne, éclate; il redouble ses plaintes : elle chante, il est calmé; déjà il a interrompu ses cris pour entendre des sons plus mesurés; il les imite même, il y répond par un murmure inarticulé : tel le jeune oiseau, sous l'aile de sa mère, apprend d'elle son ramage; il étudie ses airs, il les répète; et dès avant son premier essor il se prépare aux concerts des bois.

» Interrogeons la nature dans l'ignorance des campagnes : je vois un peuple grossier, stupide, aveugle; qu'on lui développe les richesses de la poésie, les grâces de l'éloquence, les charmes de la peinture, l'industrie de la navigation, les beautés de l'architecture : privé de goût et de lumières, il entend sans comprendre, il voit sans admirer, il reste insensible, il ignore ces plaisirs; mais que, parmi ce même peuple, de beaux airs se fassent entendre, il se réveille, il devient attentif, il est ému; le sentiment se déclare, je reconnais l'humanité. Aussi voit-on chaque jour les habitants des hameaux revenir du travail, et rentrer dans les bergeries au son des flageolets et des musettes dès que l'étoile du soir revient sur l'horizon; aussi les voit-on, dans les jours de leurs fêtes, danser, et fouler l'émail des prés fleuris au bruit des chansons et des chalumeaux légers.

» Interrogeons la nature dans l'horreur des plus sauvages contrées, de ces îles séparées du reste du monde, de ces régions barbares dont les habitants sont aussi féroces que les lions et les ours leurs concitoyens : les dieux des autres arts n'eurent jamais de temples sous ces tristes climats; la seule harmonie a su les rendre tributaires de ses attraits, elle seule a su pénétrer ces cœurs inaccessibles aux autres grâces : il n'est point de rivage si désolé ni d'écho si barbare, qui n'aient répété des chansons. L'amour de l'harmonie perce à travers la plus épaisse barbarie, à travers les plages glacées de l'ourse, et les arènes de la zone brûlante. Les Hurons impitoyables, les cruels Macassars, les Caraïbes sanguinaires, les Cannibales inhumains, ont leur musique, leurs chants de paix, de guerre, de triomphe; avant de commencer ces festins homicides, dans lesquels ils dévorent les captifs que la victoire leur a soumis, pleins d'une farouche allégresse, ils forment des danses ensanglantées autour des victimes dont ils vont être les tombeaux : je dis plus, ils chantent eux-mêmes leur propre trépas. Du milieu des supplices, du sein des feux lents qui les entourent, ces héros barbares rappellent leurs anciens triomphes dans leurs chansons funèbres, et consolés par ce doux souvenir, ils expirent dans le sein de l'harmonie, et lui consacrent leur dernier soupir.

» Pour dernière preuve sortons, si vous voulez, Messieurs, sortons de la nature raisonnable; interrogeons les animaux, interrogeons le peuple ailé des airs, le peuple muet des ondes, le peuple fugitif des forêts et des rochers; tous se montreront sensibles à l'harmonie. L'aurore ouvre les portes du jour, la nature s'éveille; déjà les oiseaux ranimés annoncent la lumière et saluent le soleil naissant par leurs concerts amoureux; rivaux pleins d'une vive émulation, ils se cherchent, ils s'attaquent, ils se répondent, ils se combattent; leurs chansons commencent avec le jour, et ne finissent qu'avec lui : je me trompe, elles ne finissent pas même; tu les prolonges d'un soleil à l'autre, solitaire Philomèle, sirène des bois; et quand la sombre nuit vient imposer silence à la nature, elle te laisse le droit de chanter encore, et de charmer ta tendre mélancolie; l'écho veille avec toi, avec lui tu t'entretiens de tes anciens malheurs; tes airs, tes harmonieux soupirs, portés au loin, diminuent l'horreur du vaste silence : pour t'entendre exhaler ta peine, la sœur du soleil absent, promène plus lentement dans les plaines de l'air son char argenté; elle s'abaisse, elle semble se fixer sur ton bocage, et la déesse du matin te trouve encore dans la plainte et dans les veilles amoureuses.

» C'est par ce goût du chant que souvent les oiseaux nous en ont disputé l'avantage et le prix; jaloux d'une belle voix ou d'un instrument bien touché sous un ombrage, souvent le rossignol a défié nos plus doux accents, chantant tour à tour, et balançant la victoire; lassé enfin plutôt que vaincu, honteux de survivre à son silence, souvent du sein des ormeaux il est tombé aux pieds de son vainqueur en soupirant, et plus d'une fois la guitare a été son tombeau. C'est ce même appât qui du fond des eaux a souvent attiré dans les filets les poissons moins craintifs; c'est cet attrait qui, selon Pline, rend le cerf attentif aux doux accents de la flûte, le fougueux coursier sensible au bruit réglé du tambour, l'éléphant aux sons audacieux du clairon; c'est lui, dit Ovide, qui, par la douceur du chalumeau, arrêta souvent le loup enchanté, tandis qu'il poursuivait l'agneau tremblant.

» Paraissez maintenant, censeurs rigoureux, graves Aristarques; osez demander encore où est la puissance et le mérite de l'harmonie; toute la nature vous a répondu; et n'ai-je point dans votre cœur un témoin secret contre vous-mêmes? à chaque instant du jour la nature vous répétera par toutes ses voix que l'harmonie est un présent qu'elle a reçu des cieux pour charmer ses ennuis et pour faciliter ses travaux : ainsi tout chante dans sa peine. Que font dans leurs fatigues tant d'hommes que le besoin condamne à souffrir pour d'autres hommes, et dont les mains, la liberté, et les jours sont vendus à des maîtres? que fait le laboureur matinal en traçant ses pénibles sillons, le diligent moissonneur au milieu des plaines brûlantes, l'industrieux vigneron sur les coteaux qu'il cultive? que fait le berger toujours errant avec son troupeau? que fait le forgeron laborieux parmi les flammes dont il est environné? que fait sur le rivage le pêcheur impatient? que fait dans sa prison flottante le rameur captif, le forçat infortuné? que font tant d'autres mortels dévoués à la solitude ou au malheur? ils chantent, et par le chant ils écartent le chagrin; ils semblent hâter le temps, ils abrégent les heures trop lentes : ainsi le solitaire ennuyé chante dans son désert, le voyageur dans l'horreur des bois, l'exilé dans sa retraite, le captif dans ses fers, le prisonnier dans ses ténèbres, l'esclave dans les mines et dans les carrières profondes : du centre de la terre où il est enseveli vivant, ses chants s'élèvent jusqu'à la région du jour. Par un penchant invariable, par un instinct commun, par un goût universellement consenti, tout annonce, tout atteste que l'harmonie est un plaisir nécessaire à la nature. Si nous examinons les autres plaisirs, ne leur trouverons-nous pas ou moins d'étendue, ou moins de pouvoir, une volupté moins pure, des sensations moins délicieuses? Il est des plaisirs de caractère et d'opinion goûtés chez un peuple, inconnus aux autres; l'harmonie réunit tous les goûts. Il est des plaisirs d'art et de littérature accordés à peu d'hommes cultivés : l'harmonie n'en excepte presque aucun de ses faveurs. Il est des plaisirs muets, inanimés, qui ne parlent qu'aux yeux sans rien dire au cœur, tels sont les spectacles que nous offre le pinceau; l'harmonie ne manque point de sentiment. Il est des plaisirs languissants, émoussés, trop uniformes ou trop tôt épuisés; est-il un plaisir plus brillant, plus diversifié, plus intarissable que celui de l'harmonie? plaisir puisé dans la nature, plaisir enfin si nécessaire, dont la privation doit être si sensible, que le Seigneur Dieu lui-même, prêt à punir Tyr criminelle, menace cette ville par la voix du prophète (1) de faire cesser dans ses murs le son des cithares et le plaisir des concerts; témoignage sacré des charmes et de la puissance de l'harmonie. S'étonnera-t-on après cela qu'elle ait eu la véné-

(1) Ezéchiel, 26, 13.

ration des peuples de tous les temps et de toutes les contrées? Troisième preuve de sa noblesse.

» Ne peut-on pas, messieurs, dire d'une belle voix ce qu'on dit de la beauté même, qu'elle est citoyenne de tous les pays, qu'elle est, comme la langue de l'amour, la même pour tous les peuples, et qu'elle porte partout les marques de l'empire? En effet, comme la beauté, une voix brillante n'est nulle part étrangère, partout elle a ses droits victorieux : reine des rois même, elle peut parcourir l'univers en souveraine ; sous quelque ciel qu'elle se trouve, semblable à l'astre du jour, elle n'est jamais hors de son empire, et partout où il est des cœurs elle a des sujets et des autels : tel a été chez toutes les races l'éclatant avantage de l'harmonie. Les autres arts depuis leur naissance ont vu souvent leurs honneurs interrompus, soit par les fureurs de Mars, soit par les règnes contraires aux muses ; il a été des siècles de ténèbres, des temps léthargiques, des jours de décadence et de barbarie pendant lesquels le dieu du goût était exilé du monde, les lettres savantes anéanties, les muses muettes, les arts au tombeau sans adorateurs et sans Mécènes, enfin toutes les sciences éclipsées ou voilées dans un coin de la terre ; mais dans cette nuit commune jamais la musique ne perdit ses clartés, ses rayons percèrent toujours à travers les nuages de l'ignorance ; jamais ses temples ne furent déserts, ni ses autels sans fleurs. Écoutons les témoins qui nous en restent dans les monuments sacrés et profanes ; ils nous diront que les siècles, et surtout les siècles polis, ont été marqués par des honneurs constamment décernés à l'harmonie ; ils nous diront qu'elle a été recommandée par les plus sévères philosophes, cultivée par les plus grands héros, chérie dans les plus sages républiques, illustrée par les plus puissants monarques, la science favorite des conquérants et des rois : l'Egypte nous dira que le dernier de ses Ptolémées (1) s'honora du nom dû à l'harmonie, sur le modèle des magistrats de Thessalie (2). Si nous nous arrêtons un instant chez les Grecs, ils nous rappelleront que leur Olympe était peuplé de dieux amateurs de l'harmonie ; que leur Parnasse, temple des concerts parfaits, était présidé par le souverain de la lyre ; que les plaisirs de leur Elysée étaient des concerts éternels ; que les tourments de leur Tartare n'étaient pas seulement un enchaînement de tortures, un océan de feux implacables, mais encore une discorde de voix, une horrible confusion de cris douloureux, une dissonance éternelle de gémissements lugubres ; ils nous apprendront que dans les beaux siècles d'Athènes il était honteux d'ignorer la musique ; que les sages de l'Aréopage étaient ses disciples ; qu'elle était une des parties de la politesse attique ; que Socrate lui-même, ce mortel estimé des dieux et loué par eux, apprit de nouveau dans sa vieillesse à toucher le luth ; que quiconque vivait sans goût pour cet art était regardé comme un mortel stupide qui n'avait jamais sacrifié aux Grâces. Ainsi, dans un festin, Thémistocle ayant refusé de prendre la lyre à son tour, fit naître le préjugé d'une éducation négligée. De ces amas de témoignages il résulte, je l'avoue, une preuve lumineuse et satisfaisante ; mais c'est peu : oublions tant d'éloges humains, faibles crayons de la dignité de l'harmonie ; ne prenons que sur les autels les guirlandes dont nous la couronnons. Oui, messieurs, c'est sous cet aspect sacré que j'aime surtout à envisager les honneurs distingués de cette science majestueuse ; j'aime à la voir singulièrement préférée à toutes les autres pour parler aux dieux, pour leur porter l'encens du monde, pour publier leurs grandeurs, pour désarmer leur colère. Jetons un regard sur

---

(1) Ptolémée Aulette.
(2) Les proorchestres. Lucien.

toutes les religions de tous les temps : ici les temples d'Isis et d'Osiris retentissent du son des sistres de Canope ; là, dès l'aube du jour, les mages de la Perse et les ignicoles prennent leurs harpes d'argent pour recevoir le soleil prêt à sortir du sein de l'onde, pour obtenir ses premiers regards, et pour adorer dans cet astre le feu éternel, le radieux Oromaze, dieu de leurs pères ; plus loin le noir brachmane remplit les bords du Gange des hymnes de l'aurore. Ici les rives grecques répètent chaque jour le nom de Jupiter Olympien ; là, les rives hespériennes retentissent des danses guerrières et du chant des Saliens, tandis que les rivages germaniques et les échos de nos contrées répètent au loin le nom du sanguinaire Teutatès chanté par les druides. Ainsi l'ont pratiqué tous les peuples ; ils chantaient dans leurs mystères, non-seulement pour parler aux immortels sur des tons supérieurs au langage vulgaire, mais encore pour fixer l'attention du peuple assemblé, pour pacifier les sens, pour régler les esprits par la justesse des sons, pour échauffer les cœurs, pour les préparer à la présence des dieux. Que dis-je cependant ? pourquoi m'arrêter si longtemps sur les honneurs de la musique idolâtre ? c'est à toi seule, ce n'est qu'à tes sacrés accords que je dois ma voix, harmonie sainte du peuple choisi ; toi qui portas si souvent aux pieds du Dieu d'Israël les hommages reconnaissants de son peuple ; n'était-ce pas sous tes auspices que les Israélites s'avançaient au combat ? précédés des enseignes triomphantes du Seigneur, les chantres consacrés marchaient à la tête des bataillons ; unissant leurs voix sublimes aux instruments militaires, ils imploraient les secours du Dieu des armées. Et ne durent-ils pas même un triomphe à l'harmonie ? Josué assiége Jéricho : ce n'est point à l'effort des armes que cette conquête est réservée : par l'ordre suprême du ciel les sept premiers sacrificateurs prennent des trompettes harmonieuses ; Jéricho va périr ; les trompettes sonnent sa ruine, ses tours chancellent ; le Seigneur parle, les murs tombent, Jéricho a été pris.

» Mais franchissons le vaste intervalle des temps, hâtons-nous d'arriver aux jours de David, époque la plus magnifique des honneurs de l'harmonie ; c'est par ce roi que nous la verrons introduite dans les tabernacles du Seigneur ; elle y entre suivie des filles de Sion, pour soutenir la majesté du lieu saint, pour augmenter la pompe des sacrifices, pour révéler le spectacle de la religion. David lui-même précède, en dansant, l'arche auguste ; il règle ses pas légers sur les sons de sa harpe ravissante ; dans tous ses cantiques, monuments éternels de son amour, il demande que ses accords soient mille fois répétés sur la cithare, sur la cymbale, sur l'orgue, sur la trompette ; il réveille tous les échos du Jourdain ; il invite la nature entière à chanter son auteur, à ne faire de toutes ses voix qu'un concert de louanges, de gratitude et d'adorations unanimes : aussi les soins et les bienfaits de ce prince religieux avaient-ils rendu les Lévites les premiers musiciens de l'univers ; ainsi le publiait la renommée. C'est par là que, pendant les jours de la captivité, les peuples de l'Euphrate invitaient les tristes Hébreux à leur apprendre quelques-uns de leurs airs si vantés : mais Israël exilé ne peut chanter loin des champs de Solyme ; il ne peut que gémir, ses harpes en silence sont suspendues aux saules du rivage : tel l'oiseau captif néglige son chant, ou, si son gosier s'ouvre quelquefois, ce n'est qu'aux soupirs, sa voix est morte aux délectables accents. Enfin, Messieurs, parcourez toutes les pages de la loi antique, partout vous rencontrerez, ou des concerts de louanges, ou des chants de funérailles ; il semble qu'aucune voix mortelle n'est digne de l'oreille du Seigneur si elle n'est portée au trône de la Toute-Puissance sur les ailes de l'harmonie, au travers des nuages d'encens. Dans des sacrifices plus parfaits, la loi nouvelle a conservé à la musique sa place dans les sanctuaires. Oui, dit l'oracle d'Afrique, le

pasteur et l'ornement d'Hippone : « Je ne puis trop approuver les chants dont retentissent
» nos temples ; par ces augustes accords je me sens vivement ému, pénétré de cette horreur
» sacrée qu'inspire la demeure de Dieu, frappé d'un respect profond, saisi d'une sainte
» ivresse ; nouveau Paul, je suis dans les cieux, mon esprit est enlevé au-dessus de lui-
» même, il s'élance jusqu'au triple trône du Très-Haut, il se croit admis aux concerts éter-
» nels des intelligences suprêmes, et mon cœur embrasé va se perdre dans le sein de la Divinité. »

» Dans cette uniformité de suffrages acquis à l'harmonie, peut-il être une vénération plus marquée, plus suivie, plus incontestable ? Cette gloire de l'art a toujours rejailli sur ses artistes : souvent les favoris de l'harmonie furent illustrés par les couronnes, par les lauriers, par les pompes triomphantes, par les applaudissements des théâtres, par des statues érigées, par des mausolées, par des inscriptions mémorables, par les honneurs même de l'apothéose, enfin par tous les monuments publics inventés chez les peuples divers pour immortaliser les talents. De là ils sont encore une nation chère et sacrée aux mortels ; avantage souvent refusé aux nourrissons des autres sciences. On évite un sophiste, on néglige un géomètre, on fuit un critique, on siffle un chimiste, à peine remarque-t-on un grammairien ; on aime au contraire, on recherche un élève de l'harmonie ; il est le citoyen de toutes les contrées, l'homme de toutes les heures, l'égal de tous les hommes de goût et de sentiment ; le monde entier est sa patrie. De là vient encore que le souvenir des musiciens illustrés des siècles supérieurs est beaucoup plus aimable et plus précieux à l'esprit et à l'humanité que le souvenir des conquérants les plus renommés, faux héros, tyrans réels : les conquérants étaient nés pour la perte du monde, les musiciens illustres pour son bonheur : les uns, avides de funérailles, ont porté les larmes, la discorde, la mort ; les autres, toujours bienfaisants, toujours applaudis, ont porté partout la paix, la concorde, le plaisir : la terre consternée s'est tue devant ceux-là ; par ceux-ci, la terre rassurée a retenti de sons pacifiques ; les conquérants, couronnés de sanglants lauriers, sont sortis de la vie souvent par une fin précoce, toujours chargés de la haine des peuples indignés, perdus sans être pleurés ; les musiciens fameux, couronnés de myrte et de roses, ont paisiblement expirés, en emportant chez les morts les regrets des nations. Oui, le nom d'un tendre Orphée sera toujours plus chèrement gardé au temple de mémoire que le nom d'un fougueux Alexandre.

» Telle est la noblesse de la musique, noblesse fondée sur l'antiquité de son origine, illustrée par sa puissance suprême, confirmée par la vénération de tous les temps et de tous les peuples. Mais aux preuves de sa dignité joignons celles de son utilité ; louange pour cet art plus délicate encore que la première. » . . . .

« La musique est un art qui tend à émouvoir l'âme au moyen des modifications du son ; c'est une langue universelle dont les principes et les effets émanent directement de l'organisation humaine. — Ce qui lui donne une place toute particulière dans les arts, c'est que seule elle a le privilége d'agir à la fois sur le physique et sur le moral de l'homme, d'attaquer le système nerveux tout en s'adressant à l'intelligence, d'être en même temps une sensation et un sentiment ; — elle est une sensation pour la foule, elle est un sentiment pour les artistes et les amateurs qui apprécient les causes de la sensation qui leur est commune avec tous les autres.

» Tous les peuples anciens ont reconnu l'empire de la musique ; elle servit d'interprète à leur douleur, témoigna de leurs joies, célébra les actions de leurs dieux, les exploits de leurs héros ; elle éveilla toujours en eux l'amour de leur gloire, enflamma leur patriotisme et inspira leur valeur.

» Le pouvoir que la musique exerce sur nos sens, sur notre imagination, sur notre intelligence est incontesté ; elle fait naître la bienveillance, calme le chagrin, l'inquiétude, l'ennui, et excite au plaisir. La musique répond surtout aux besoins intimes de l'âme qu'elle domine à son insu, et chez laquelle elle remue tout ce qu'il y a de nobles instincts, de passions généreuses et de pureté idéale.

» Quoique la musique n'exprime pas les sentiments d'une manière positive et déterminée, elle parvient cependant à généraliser la pensée au point de devenir, en beaucoup de cas, intelligible à tous les êtres animés. Comme l'esprit de chaque nation se retrouve toujours dans les productions des arts et de la littérature, il en résulte qu'il y a autant d'écoles différentes qu'il y a de nations capables de produire des musiciens d'un ordre élevé ; de là sont nées les écoles *italienne*, *française* et *allemande*.

» La première est plus favorable aux inspirations du génie parce qu'elle fait une part plus large au compositeur ; elle s'attache bien plus à la grâce de la cantilène qu'à l'expression immédiate et précise des sentiments.

» En France, on exige que la mélodie se lie intimement à la parole, il faut que l'oreille puisse les suivre ; la langue française, dans sa poésie comme dans le reste, se distingue surtout par sa netteté et sa clarté, l'auditeur français veut que la musique ajoute encore à ces qualités précieuses.

» En Allemagne, on s'attache beaucoup plus à l'harmonie qu'à la mélodie. —Au reste, ces trois écoles marchent vers une fusion qui fait chaque jour de nouveaux progrès. » (*Extrait de...*)

« La musique n'est pas un art d'imitation comme le sont les arts du dessin, elle est vraiment un don de la nature ; elle est pour l'ouïe ce que sont pour chacun de nos sens les objets qui les affectent agréablement. Voilà pourquoi tous les peuples, même les plus sauvages, possèdent une musique quelconque, bien imparfaite, sans doute, mais qui, dans ce qu'elle est, satisfait immédiatement leur oreille.

» Un autre fait bien remarquable et qui, dans le domaine des arts, donne à la musique une place toute particulière, c'est que seule elle a le privilége d'agir en même temps sur le physique et le moral de l'homme, d'attaquer d'un seul coup le système nerveux, et de s'adresser à l'intelligence, d'être enfin à la fois une sensation et un sentiment. Dans le plus grand nombre de cas, elle n'est qu'une sensation. Ceci s'applique à tous ceux qui ne connaissent point les règles de l'art, et il est fort digne d'observer que l'idée qu'elle fait naître le plus habilement en ce cas, est de la gaîté et du bonheur qui, chez le vulgaire, s'associe constamment à celle de musique et qui est en effet celle que la musique produit le plus aisément et le plus nettement. Les connaisseurs, c'est-à-dire les artistes et les amateurs qui ont une expérience acquise, réunissent par la pensée d'autres idées à la sensation que la musique a produite primitivement sur eux ; ils établissent des comparaisons, des rapprochements, en un mot ils se rendent plus ou moins compte de la sensation qu'ils ont éprouvée selon qu'ils sont plus ou moins sensibles, et d'autre part, selon qu'ils ont l'esprit plus ou moins juste, plus ou moins exercé.

» Les arts du dessin reproduisent aux yeux des choses connues, ayant une forme bien déterminée et ne laissant à cet égard dans l'esprit aucun doute sur l'intention de l'artiste. La musique ne saurait imiter de la même manière, elle peut bien donner l'idée d'une infinité d'objets en tout genre, mais elle est, sous ce rapport, d'une extrême pauvreté; aussi l'esprit a-t-il besoin d'être prévenu pour sentir véritablement quelle sensation le compositeur s'est proposé d'exciter, quels sentiments agitaient son âme. Mais si les moyens de la musique sont faibles dans l'imitation, elle possède un avantage merveilleux qui lui est tout à fait propre, c'est d'enchaîner l'une à l'autre les sensations qu'elle nous cause et de les faire se succéder sans solution de continuité, en sorte qu'elles semblent toujours dépendre l'une de l'autre. Cet avantage naît de la nature même des éléments que la musique met en œuvre.

» Les attraits de la musique ont pour tout véritable amateur mille degrés et mille moyens de séduction. Disposé par le souvenir des plaisirs qu'il a goûtés à se livrer sans réserve aux impressions flatteuses des sons, il se prive volontiers et presque constamment de la faculté d'analyser parce qu'on n'en peut faire usage qu'au détriment de celle de sentir. Il accueille partout, dans toutes les occasions, la perception des réunions, les plus simples de sons, dès qu'ils sont formés avec justesse, et sa reconnaissance paye aussi facilement le tribut d'un éloge à la voix modeste et non musicienne qui l'a satisfait qu'à l'exécution soignée et brillante du chanteur qui l'a charmé. C'est en Italie surtout que l'on peut comprendre la nature et l'intensité de ses jouissances. Dans ces moments où de beaux sons aussi bien choisis que bien formés viennent frapper toutes les oreilles attentives, où chacun, en retenant son haleine, semble craindre de déranger l'ordre des mouvements de l'air qui les apporte, où le silence enfin est universellement commandé par l'appât du plaisir, l'amateur, promené de beautés en beautés, sent croître avec elles le bonheur de les entendre. Peu à peu son attention s'isole de tout autre objet. Tout ce qu'il a de facultés est enfin absorbé par l'empire magique de la musique. Dans cet état, il n'envie plus rien aux hommes ni même aux dieux. Des soupirs lui échappent, des exclamations involontaires et comprimées telle que : *anges du ciel ! divin.....*, etc., lui sont de temps en temps arrachées par le sentiment de la plénitude de sa félicité. Il reste plongé dans cette ivresse jusqu'à ce que ses transports, libres d'éclater à la fin du morceau, fassent tout à coup retentir des bravos les plus expressifs et les plus sincères, les voûtes de cette enceinte qui s'était changée pour lui en véritable Elysée. Revenu à lui, réveillé de cette extase, tout homme juste envers la Divinité doit la bénir de ce qu'elle l'a rendu propre à éprouver des sensations aussi délicieuses et qui jamais ne sont mêlées d'amertumes ni suivies de repentir. » (Morel.)

« La musique est la langue du cœur, elle a la vertu d'exprimer tout ce que les langues proprement dites ne peuvent rendre. Celles-ci sont les langues de l'esprit, les langues des idées ; la musique est celle des sensations. Nul trouble, nulle agitation, nulle nuance de sentiment qu'elle ne puisse reproduire. La langue parlée s'efforce en vain de peindre le sentiment, elle n'en fait pour ainsi dire que l'histoire ; mais la musique ne le peint point, c'est le sentiment même qu'elle communique à l'auditeur. Ces deux sortes de langues peignent chacune ce que l'autre ne saurait peindre ; cependant il est des sensations qu'elles peuvent rendre séparément mais qu'elles expriment bien mieux par leur union.

» Tous les mots, et par suite toutes les phrases, toutes les périodes ne sont, si l'on en excepte les onomatopées, que des sons de convention, dépourvu de valeur intrinsèque ; ils ne sont originairement rien de plus que ce qu'ils paraissent à celui qui n'entend pas la langue dont ils font partie.

» La langue musicale au contraire est celle de l'univers et de l'éternité. Nul peuple qui ne l'entende aussi bien que celui qui la produit.

» Si l'on peut dire qu'il est un organe particulier pour la musique, C'EST LE CŒUR QUI SEUL MÉRITE CETTE QUALIFICATION. En effet, c'est de là qu'émane tout chant passionné, créé de verve ; c'est de là que partent toutes les sensations méthodiques ; le cerveau n'est rien que la route par laquelle elles s'écoulent. Mais ce n'est uniquement que des chants d'inspiration et de la présensation des effets harmoniques que je prétends parler, et non pas de la mélodie et de l'harmonie fabriquées, ni de l'arrangement des parties ; quant à cette sorte de production, le cœur y est pour si peu que l'on doit l'attribuer presque en entier à l'organe du raisonnement : c'est bien plus le fruit du goût et de l'expérience que celui du sentiment.

» Le propre de la musique est donc d'exprimer les sentiments avec leurs nuances ainsi que leurs successio[illegible]. C'est, ainsi que je l'ai déjà dit, la langue des impressions du cœur ; ce n'est que par extension qu'on lui a fait peindre la partie bruyante des actions. » (Aubry de Boulley).

« Tous les peuples ont une musique, barbare ou cultivée. La musique peint les sentiments, les passions, toutes les affections de l'âme : un musicien habile pourrait en faire parcourir le cercle en peu de temps à ses auditeurs. L'avantage du langage sur la musique est d'individualiser ce que ne peut celle-ci. Un chant plaintif fera naître dans mon cœur la compassion, la pitié, mais je ne saurai s'il faut déverser ce sentiment sur une reine ou sur une bergère qui aurait perdu l'objet de son affection. Placé entre des armées, des accents guerriers pourront faire battre ma poitrine et l'échauffer d'une ardeur belliqueuse, mais ils ne me donneront aucun motif de préférence pour tels ou tels combattants.

» La musique a donc besoin, pour individualiser, d'employer la parole comme auxiliaire ; cependant, comme sa rivale, elle prend toutes les nuances : tour à tour sublime ou folâtre, elle se prête également aux accents religieux de la prière et à ceux de la gaîté ; les passions douces ou violentes les colorent diversement. Elle peint les menaces et les éclats de la fureur, elle imite le langage doux et persuasif de la compassion ; plus mystérieuse que la parole, si elle perd du côté de la précision, elle s'enrichit de toute l'imagination de celui qui l'écoute. Le malheureux que la douleur rend farouche dédaigne la plainte et repousse la pitié ; la musique se fait un jour dans son cœur ulcéré, elle paraît une voix plus amie, lui-même lui prête les raisons qui pourraient le toucher. » (Genlis.)

« Pourquoi les anciens philosophes ont-ils tant recommandé l'exercice des sons ? pourquoi ont-ils regardé la musique comme le principe de toute morale ? pourquoi ont-ils reproché publiquement à Thémistocle de ne point savoir la musique ? parce qu'ils savaient qu'en rendant l'homme sensible à l'harmonie des sons, c'était établir en lui le principe de l'ordre qui produit le bonheur général. Ils ont saisi la cause pour parvenir aux effets. Ils ont dit : « Si nous te » prêchons la sagesse avant que ton âme y soit disposée, nous perdrons notre temps ; mais si » par l'harmonie des sons nous établissons l'harmonie entre tes sens, tu te rendra sans com- » battre. » Pour conclure comme ces philosophes, rendons les hommes plus ou moins musiciens, et ils seront disposés pour toutes les harmonies ; pour celle des couleurs qu'on voit dans un tableau, ou l'ordre qui règne dans un édifice d'architecture. Ils auront, étant musiciens, le sentiment de l'harmonie existant entre leurs organes et leurs sens ; ils pourront devenir médecins, poëtes, peintres, architectes ou philosophes. C'est l'harmonie entre les hommes qui établit les bonnes mœurs ; c'est par amour pour elle qu'ils s'astreignent à des sacrifices vertueux. En cherchant sans cesse à établir l'ordre et l'équilibre en nous-mêmes, ou, ce qui est la même chose, en perfectionnant nos organes pour les rendre sensibles à la douce harmonie des sons, la musique devient la source de tous les biens et l'ennemie de tous les maux : elle combat les vices des gouvernements despotiques ; elle inspire à l'homme la mâle énergie qui lui fait rompre ses fers ; et si dans l'excès de son délire il pousse trop loin sa fureur vengeresse, c'est encore elle qui le calme et le ramène à l'ordre et au but qu'il allait outrepasser. Elle combat de même toutes les passions de l'orgueil et de l'égoïsme : enfin, être sensible à l'harmonie des sons, c'est aimer l'ordre qui règne dans le système général du Dieu créateur. Quand on me montre un vrai musicien, je me dis : « Celui-là est ami de la paix, » cet homme est mon ami. » Lorsque le sage nous dit qu'il comprend le langage des oiseaux ; qu'il entend le concert des astres roulant sur nos têtes, c'est l'harmonie pure de son être qui opère ces prodiges ; soyons *un* avec la nature, tous ses trésors seront notre partage. Enfin nous dirons avec Shakespeare : « L'homme qui n'a dans son âme aucune musi- » que, et qui n'est pas ému de l'harmonie de tendres accords, est capable de trahisons, de » stratagèmes et d'injustices : les mouvements de son âme sont lents et mornes comme la » nuit ; ne vous fiez point à un pareil homme. » (Grétry.)

« La musique a des avantages que les autres arts n'ont pas ; elle agit plus directement sur les mœurs. Les accents énergiques fortifient les âmes trop amollies ; sa tendre mélodie calme la cruauté de toutes les passions nées de l'orgueil. Comme tous les autres arts, elle a ses principes incontestables dans la nature, soit qu'elle suive le système numérique pour calculer ses accords, soit qu'elle mesure ses intonations sur celle de la déclamation parlée ; mais elle a l'avantage du merveilleux plus que les autres arts. » (Grétry 287.)

« Les arts doivent servir à délasser, à dérider l'homme de société ; mais ils doivent surtout châtier, réprimer ses vices et ses ridicules. Partout où je vois les arts contribuer au bonheur public, mon âme s'épanouit, et je remercie la nature de m'avoir fait artiste. » (Grétry.)

« L'étude de la nature, en général, rend l'homme doux et sociable. Environné de merveilles, il vit dans la contemplation, dans un délire agréable ; il comprend assez pour être heureux, il ignore trop pour être satisfait. Frappé des résultats, inquiet sur les causes premières, qu'en vain il cherche, c'est ainsi qu'il consume la plus longue vie dans l'étonnement et l'espoir. En étudiant les hommes, l'homme apprend à se connaître lui-même ; sans cette réaction, il ne se connaîtrait jamais. » (Grétry 262).

« L'étude des beaux-arts est l'étude de toutes les jouissances de l'homme. Les jouissances que cette étude ne donne point directement sont encore remémorées et embellies par elle. » (Grétry 263.)

Mais certaines personnes, singulièrement organisées sous le rapport musical, ou frappées comme ces fous d'un abus qui aura produit un sentiment d'irritation nerveuse, duquel ils auront tiré une fausse induction, ont osé avancer les paroles sacriléges : *la musique est nuisible aux masses* : donc il faut, tout en ménageant l'opinion publique, entraver la propagation de cet art.

Heureusement pour l'humanité, ces antagonistes sont peu nombreux. Pour ma satisfaction personnelle j'ai cru m'instruire en faisant cette objection à des hommes éclairés ; mais tous n'ont pu s'empêcher de rire.

Je réponds à l'objection. La faculté de reproduire l'air type, c'est-à-dire la gamme, et conséquemment tous les fragments mélodiques qui en dérivent, est dans notre organisation. Pourquoi la nature nous a-t-elle doué de cette faculté ? incontestablement pour augmenter les éléments de bonheur parsemés avec profusion dans le monde. Oui je comprends, dira-t-on, que Dieu a eu nécessairement un but en nous donnant le pouvoir de chanter ; mais dans le milieu social où nous nous trouvons, l'homme abuse de ce talent ; il l'applique à certains faits que nous désapprouvons généralement.

Je réponds : les meilleures choses sont souvent nuisibles ; voici à ce sujet les paroles remarquables de l'archevêque de Paris, extrait de son mandement de 1850.

« Hélas ! la possession individuelle des biens a eu la destinée des meilleures choses du monde : quoi de plus désirable que la liberté, et quoi de plus détestable que la licence et l'anarchie ? Est-il sur la terre rien de plus excellent que la religion, et peut-on rien trouver de plus funeste que la superstition ou le fanatisme ? Renoncerions-nous donc à la liberté, et répudierions-nous la religion, par la crainte des maux dont elles sont l'occasion ou le prétexte ? A Dieu ne plaise ! car si l'on ne pouvait détruire les abus qu'à ce prix, comme les hommes, avec leurs passions, abusent de tout, il faudrait s'abstenir de penser, de vouloir, et de vivre. »

« Je n'ai plus qu'une question à vous faire, Philotime : pourquoi apprendre à votre élève
» un art si funeste ? à quoi sert-il en effet ? — A quoi il sert ! reprit-il en riant : de hochet
» aux enfants de tout âge, pour les empêcher de briser les meubles de la maison. Il occupe
» ceux dont l'oisiveté serait à craindre dans un gouvernement tel que le nôtre ; il amuse ceux
» qui, n'étant redoutables que par l'ennui qu'ils traînent avec eux, ne savent à quoi dépenser
» leur vie. » (J.-J. Barthélemy. — *Voyage du jeune Anacharsis.*)

Les hommes se servent de leurs bras pour commettre certains crimes, donc il faut leur lier ces membres ; ils lisent des livres que certains hommes condamnent ; donc il faut brûler tous les livres ; la vigne produit une liqueur dont certains hommes abusent dans des circonstances indépendantes de leur volonté ; donc il faut détruire la vigne.

Voilà les singulières conséquences qu'on peut tirer des principes légèrement ou orgueilleusement lancés à la face des philosophes.

9. La musique exerce sa puissance bienfaitrice jusque sur les maladies physiques et les maladies morales surtout. L'histoire, sous ce rapport, raconte des faits surprenants. En effet les sensations musicales sont générales, l'âme et le corps éprouvent des jouissances par la pratique de la musique ; il y a donc distraction absolue et de là, tendance à l'équilibre des fonctions organiques arrêtée par certains accidents.

J'ai expérimenté plusieurs fois cette influence salutaire ; la reproduction sur le piano d'un air nouveau propre à piquer la curiosité du musicien, a fait cesser souvent des maux de tête absolument comme le sommeil.

— Ces jours derniers (Mars 1853) a eu lieu, à l'hospice de Bicêtre, une solennité des plus intéressantes. L'administration de cet établissement, cherchant tous les moyens de rallumer, dans l'âme des jeunes aliénés confiés à sa garde, le flambeau éteint de la raison, a eu l'heureuse idée d'essayer de l'influence de la musique sur ces organisations débilitées. A cet effet, elle avait préparé une soirée théâtrale et musicale à laquelle d'excellents artistes ont bien voulu prêter leur concours. La pièce avait pour titre les *Aventures de Guignolet.* Les personnages étaient des marionnettes du théâtre Guignol, mues par ceux qui, en voie de guérison, ont pu, grâce à la persévérance de leurs excellents professeurs, réciter les rôles et chanter les chœurs.

Les morceaux de musique, exécutés avec ensemble, eurent pour effet d'exalter la sensibilité des jeunes auditeurs, qui accueillaient avec des transports de joie ou de douleur les moindres péripéties de ce drame héroï-comique ; ce n'étaient que des applaudissements mêlés de trépignements. L'effet marqué chez tous était divers, suivant les individus ; chez les uns il se manifestait par des larmes abondantes ; d'autres, plongés dans une sorte d'extase, semblaient transformés en des êtres nouveaux. Les médecins disaient que jamais ils n'avaient été témoins de résultats plus satisfaisants quant au moral. Je ne crois pas donner trop de puissance à la musique en disant que la pratique constante de cet art, pourrait exercer sur l'organisme animal, dans un certain laps de temps, une influence qu'on ne pourrait pas analyser, une influence secrète dont les conséquences sensibles seraient la beauté et la santé.

« Il est bien reconnu que la musique est un calmant dans les maladies de nerfs. Posons d'abord pour base incontestable que la nature en tout et partout cherche l'équilibre ou l'harmonie entre ses parties. Où trouvera-t-on plus d'harmonie que dans l'harmonie même? Nos nerfs tendus au juste degré qui leur convient, sont sans doute d'accord harmoniquement et musicalement, car le système harmonique ne peut être qu'un dans toute la nature. Il est prouvé que deux corps sonores, à l'unisson l'un de l'autre, se complaisent et résonnent ensemble, et que s'ils ne font qu'approcher de l'unisson, ils sont en souffrance et font de mutuels efforts pour l'atteindre. Or, exécuter une musique harmonieuse à côté d'un être souffrant par la discordance, par l'inexacte tendance des nerfs, c'est chercher et parvenir à rétablir l'harmonie entre ces cordages qu'on appelle nerfs. Ne croyons cependant pas qu'il faille exécuter des airs gais auprès des gens tristes, vous les verriez bientôt s'enfuir; que vos accents soient au contraire d'une teinte plus noire que le crêpe qui enveloppe leur imagination : car, de même qu'entre deux nuages électriques, le plus fortement chargé attire à lui le feu de celui qui l'est moins, vous dissipez la tristesse d'un être affligé en lui faisant entendre des plaintes plus lugubres que celles qu'exhale son chagrin. » (Grétry. 83.)

10. Il est une multitude de circonstances où la science rhythmique, partie essentielle de la musique moderne, joue un rôle important ; les réunions d'hommes qui se meuvent dans des temps réguliers, ou qui marchent en obéissant à une impulsion rhythmique, tirent un bon parti de leurs études musicales.

J'ai même remarqué que la mesure, appliquée à l'enseignement de la calligraphie moderne, est d'une influence très-grande sur la régularité des formes alphabétiques. Cette idée toute nouvelle ma suggéré la création d'un instrument auquel j'ai donné le nom de *métrographe*, instrument qu'on peut remplacer imparfaitement par une règle avec laquelle on fait la mesure en frappant sur une table.

Voici le motif de la puissance de la mesure sur la régularité de l'écriture. La main fait nécessairement des mouvements quand elle écrit, elle marche, si je puis m'exprimer de la sorte, de gauche à droite en suivant une ligne droite horizontale. Si elle avance régulièrement, la régularité des distances entre les éléments calligraphiques, les hauteurs des lettres, l'égalité des angles inférieurs et supérieurs, sont surtout des qualités qui naissent de l'assujettissement à des mouvements réguliers. La règle générale, sauf quelques exceptions, est de faire un plein dans chaque coup sans faire attention au temps qu'on met pour faire les déliés. Ainsi, les lettres a, d, g, h, n, p, q, u, s, se font dans deux temps ; l'm, dans trois.

11. La musique peut être une mine précieuse pour celui qui la possède, elle peut être, dans certains cas imprévus, un moyen de se faire une position dans le monde, car il est des organisations admirables qui restent inconnues, parce qu'elles n'ont pas eu l'occasion de se développer.

QUATRIÈME PARTIE.

CONSIDÉRATIONS GÉNÉRALES

SUR

LES RÉFORMES MUSICALES.

CHAPITRE PREMIER.

Des révolutions dans les sciences et dans les arts.

Les progrès dans les sciences et les arts sont toujours en rapport aux perfectionnements qu'on fait subir aux signes qui s'y rapportent, et à la distribution des matières qui les constituent.

Les sciences mathématiques ne doivent leurs développements extraordinaires qu'à l'adoption des chiffres arabes, à l'exclusion des chiffres romains. Je ferai remarquer que l'analogie qui existe entre l'usage que je fais des chiffres ordinaires et celui des mêmes signes dans les calculs, est assez propre à faire naître l'espoir d'un succès certain dans l'admission de ma musicographie.

Qu'on modifie les règles grammaticales de la langue française en faisant disparaître ces milliers d'anomalies que repousse le simple bon sens, où le respect sot et ridicule pour les étymologies, qu'on se plaît d'appeler du nom vain de blason de la langue, devient la source de difficultés qui ne permettent pas à 99 Français sur 100 de connaître leur propre langue, et vous verrez alors la langue française, si recherchée par l'aristocratie européenne, devenir une langue presque universelle. Cette universalisation ne sera jamais que la conséquence d'une révolution dans l'emploi des signes alphabétiques.

Avant le XIe siècle, la musique était ignorée partout ; il n'y avait que quelques organisations d'élite, qui passaient une dizaine d'années à étudier un art dont les complications le rendaient inaccessible aux intelligences ordinaires.

Guy d'Arezzo fut donc l'auteur d'une révolution artistique dont les conséquences constituent maintenant un élément de bonheur. On comprend bien qu'à cette époque où l'ignorance était si grande dans les sciences surtout, combien l'œuvre d'Arezzo dut être imparfaite. « La civilisation littéraire qui, aussi, avait été précipitée, s'éteignait comme un feu de paille dans les cloîtres des Xe et XIe siècles : *les deux siècles les plus barbares du moyen âge* » (BURETTE, *Hist. de France*). Plus tard, c'est-à-dire au XIVe siècle, on sentit le besoin de joindre à la puissance magique du son, les charmes de la science du rhythme. Muris ajouta donc, à l'édifice mal conçu du XIe siècle, une autre partie assez mal conçue, et qu'on appelle les signes de durée.

Depuis cette époque la musique s'étant répandue, il a fallu nécessairement ajouter à la musique, des signes que le développement de cet art devait réclamer. On est donc parvenu peu à peu et dans l'espace de près de cinq siècles, à compliquer tellement la notation usuelle, qu'une révolution, dans l'alphabet musical, est réclamée depuis longtemps.

Le progrès de l'art a donc deux époques, 1100, et 1400; j'ai donc la conviction que si les philosophes sérieux me prêtent leur concours, l'époque la plus remarquable de l'histoire de la musique sera en 1848, époque à laquelle j'ai posé les fondements de mon système qui sont: sept signes graphiques, une portée tertiaire, et l'usage des chiffres arabes pour exprimer toutes les durées musicales.

Le philosophe inexpérimenté est dans une erreur bien grande, lorsqu'il croit que sa mission est remplie, quand, après de pénibles travaux, il arrive au but de ses recherches scientifiques.

S'il se figure qu'il ne lui reste plus qu'à livrer les productions de son génie aux hommes qui ont intérêt de les connaître, c'est qu'il ignore que, dans le siècle actuel, les obscurantistes, les indifférents et les jaloux, constituent une barrière qu'il doit franchir.

Oui, il faut que le philosophe, après avoir lutté opiniâtrément contre les difficultés d'une science, d'un art, s'initie aux secrets du commerce. Il faut qu'il se fasse commerçant après avoir joué le rôle d'homme de génie, et qu'il étudie les rapports si bizarres et si variés entre les choses et les écus.

Voilà précisément où échouent presque toujours les efforts les plus louables et les plus persévérants, faute d'un protecteur dévoué.

Comme un voyageur qui, après avoir lutté contre les tempêtes des mers, met le pied sur la terre ferme avec un sentiment de bonheur difficile à décrire. Mais que sa déception est grande, quand autour de lui il entend dire : vos connaissances astronomiques vous ont servi à vous préserver des écueils parsemés dans l'Océan ; maintenant, pour arriver dans les plaines et les vallons enchantés qui font le sujet de vos rêves les plus délicieux, il faut lutter contre les animaux carnassiers et les sauvages nomades dispersés dans ces bois épais et ces montagnes escarpées qui vous séparent des lieux tant désirés. Il est plus difficile de lutter contre ces obstacles que de lutter contre les vents déchaînés qui agitent les mers. Si un ange tutélaire ne vous protége et ne vous montre pas les sentiers les moins périlleux, vous n'aurez mis le pied sur le continent que pour trouver une mort certaine, à la suite de tant de dangers évités.

Si je considère l'homme livré à lui-même dans le choix des faits qui peuvent l'intéresser, je le vois sans cesse assujetti à ce qu'il connaît bien. L'esprit paresseux est là qui commande en maître, pour repousser tout ce qui exige de nouvelles études.

Cette disposition de l'homme est encore l'effet de la domination des plaisirs matériels, de l'absorption pour ainsi dire des facultés pensantes par les besoins de tous les jours.

Ceci est tellement vrai, que, dès le moment qu'on s'adresse par des innovations aux appétits sensitifs de l'homme, l'appréciation de nouveaux faits étant du ressort des sens et non de l'esprit, l'adoption est à peu près immédiate. Ainsi créez une nouvelle galette flattant, par quelque élément gastronomique nouveau, le sens du goût, vous verrez les masses se porter en foule vers le nouveau pâtissier.

Dans les révolutions intellectuelles il n'en est pas ainsi, il s'en faut de beaucoup : la découverte d'une nouvelle planète, la solution d'un nouveau problème de géométrie, n'occupent nullement le vulgaire.

Dans cette espèce d'aversion ou de répulsion dont les réformateurs dans les sciences et les arts, sont l'objet, que faudrait-il faire pour vaincre l'indifférence publique, qui dédaigne ou qui prête un si médiocre concours à l'application des nouvelles théories, lesquelles, sans s'appliquer aux besoins matériels, tendent à augmenter le domaine des jouissances intellectuelles?

Dans cette disposition des esprits, qui est le plus grand obstacle qu'on oppose au perfectionnement de l'humanité, je ne vois pour le moment qu'un seul remède: c'est l'action puissante des administrateurs publics; c'est une protection, morale surtout, accordée aux réformateurs.

Mais, me dira-t-on, il existe des académies dont les fonctions consistent à perfectionner les systèmes et les méthodes; leur spécialité même peut donner à leurs travaux une importance que ne peuvent avoir les études de quelques particuliers.

Les sociétés constituées sont généralement peu propres à réformer; leur initiation collective ne peut jamais avoir la même puissance créatrice que l'initiative individuelle; elles peuvent effectivement corriger, modifier, retrancher, ajouter : voilà tout. Je ne vois pas en effet que le meilleur des dictionnaires français soit sorti du sein de l'Institut; je crois que celui de Bescherelles et celui de Napoléon-Landais sont plus recherchés que celui de l'Académie de Paris; c'est que l'intérêt, la passion pour la gloire, l'amour du vrai et de l'ordre dans les sciences, sont des moteurs qui excitent au plus haut degré l'activité et les facultés créatrices de l'homme, tandis que dans les travaux élaborés par des commissions, l'individualité est détruite, et par conséquent, l'émulation aussi.

Non-seulement elles sont peu propres à hâter le progrès des arts et des sciences, mais elles s'opposent presque toujours systématiquement à l'adoption de nouvelles idées, soit parce que, privées d'initiative individuelle, elles n'enfantent rien, soit parce qu'elles peuvent voir dans les méthodes de quelques particuliers, un empiètement sur leurs fonctions, ou une constatation de leur nullité en fait de travaux de génie. Si on lit au reste l'histoire des inventions, on pourra s'assurer que les grandes découvertes ne sont que le fruit du hasard, ou la conséquence des travaux exceptionnels de quelque philosophe.

La destruction de l'ancien système des poids et mesures, semblait être une chose bien difficile à faire, surtout lorsque le nouveau demandait une certaine étude: Eh bien, quelques lois sévères et le développement de l'enseignement primaire ont suffi pour opérer une révolution où la très-grande majorité des Français, par ignorance et paresse de l'esprit, avait intérêt de s'opposer : la science a donc fini par triompher, grâce au concours énergique des administrations publiques.

Il est certaines innovations qui contrarient, dès leur apparition, des intérêts particuliers. Si les commerçants ainsi lésés sont nombreux, ils finissent par former une résistance contre laquelle les réformateurs ont à lutter. Dans la question spéciale qui m'occupe, les éditeurs de musique se trouvent dans ce cas-là: comme le nombre en est infiniment restreint comparativement au nombre incommensurable des personnes qui pourraient jouir des bienfaits d'une nouvelle méthode, on pourrait user à leur égard du système des indemnités.

CHAPITRE DEUXIÈME.

Les grands musiciens ne sont pas réformateurs.

1° Ils ont complétement négligé des perfectionnements faciles.

Les grands musiciens oublient facilement les peines incalculables qu'ils ont eues pour arriver à l'étude complète de la musique. Absorbés dans le côté pratique de cet art ils négligent complétement le côté graphique; ils ne l'abordent qu'avec une grande répugnance. De là, un jugement faux sur les réformes. On dit : rien de plus facile à comprendre que la théorie de cet art; et, en disant cela ils oublient les larmes qu'ils ont versées, et les études fastidieuses qu'ils ont été obligés de faire; ou ils ne veulent pas connaître la grande diversité des aptitudes musicales. Il y a là, je le répète, une illusion extrêmement funeste aux réformateurs : la routine, la paresse de l'esprit, et l'égoïsme constituent le plus grand obstacle qu'on puisse opposer au développement de l'humanité.

« Eh! que seraient la peinture ou la musique, si ces arts n'étaient qu'une langue mystérieuse qu'on ne pût entendre qu'après avoir été initiés dans leurs signes hiéroglyphiques?..... Mais il ne faut pas que les musiciens se persuadent que leurs jugements sont toujours irréprochables : l'amour-propre blessé, l'opposition d'intérêt, les inimitiés, les préventions d'éducation et de nature, sont des causes qui les vicient souvent. » (Fétis.)

Tous les hommes ne sont pas réformateurs. La classe même des philosophes, qui se compose d'un très-petit nombre d'individus, en donne très-peu. La passion de réformer tient à une certaine rectitude de l'esprit dont la nature est très-avare et que l'étude ou les circonstances développent. Le sentiment de la réforme est à la philosophie ce qu'est le sentiment du beau dans le peintre.

Cette tendance philosophique peut dériver aussi du sentiment de la solidarité humaine : on ne veut réformer que parce qu'on désire ardemment mettre à la disposition de tous certains éléments de bonheur.

Les grands compositeurs certainement pourraient faciliter plus que personne une transformation radicale dans les signes musicaux, parce que le vulgaire indifférent ou ignorant, ne pouvant se rendre compte par lui-même de la logicité d'une méthode, a besoin de connaître le jugement des hommes spéciaux pour l'approuver ou la rejeter.

Ils s'opposeront toujours à l'adoption d'un système qui, par sa simplicité, mettrait la connaissance de la musique à la portée de tout le monde, et déchirerait conséquemment le voile épais qui couvre les prétendus mystères de cette langue barbare.

Ce qui prouve ce fait, c'est que depuis 500 ans, aucune réforme n'a été tentée par les artistes et les compositeurs remarquables; et cependant il est une multitude de signes complétement inutiles dont on aurait pu débarrasser les solfèges.

a. Il est certaines mesures que les compositeurs semblent compliquer à plaisir comme 2/8 3/8, etc., etc.

b. Quelques signes commencent à être abandonnés, mais avec une lenteur effrayante pour les partisans de l'universalisation de la musique; encore aucun professeur n'ose assumer sur sa tête le rejet complet de la théorie musicale.

c. L'indication du genre et de l'espèce de gamme serait une chose très-importante et bien facile à faire; eh bien! aucun auteur n'ose le faire.

d. La division des temps faciliterait étonnamment l'observation de la mesure.

e. L'adoption des monosyllabes *di, ri*, etc., *re, me*, etc., pour les dièses et les bémols accidentels, serait une modification de la technologie qui simplifierait le langage et faciliterait l'intelligence de certains faits: encore rien!

Je pourrais citer une multitude de perfectionnements faciles à obtenir, et que les grands maîtres négligent par indifférence, ou parce que étant absorbés dans la partie artistique de la musique, ils ne sont nullement portés à s'occuper de la partie scientifique.

2° Les compositeurs rejettent loin d'eux les formes arides de la théorie : c'est-à-dire, les secrètes jouissances de l'observateur passionné qui cherche à établir l'ordre, la vie, là où règne le chaos. Au reste les grandes aptitudes sont rarement rebutées par les signes : dès les premières études elles savourent les charmes de la musique ; les mélodies nouvelles et variées, tout en flattant leur imagination, les font marcher à grands pas vers la perfection de l'art musical, en suivant un chemin couvert de fleurs.

3° Je ne pense pas que les compositeurs croient qu'ils ont le monopole du génie, par le fait qu'ils ont celui de la mélodie et de l'harmonie. Il n'y a que des rapports très-éloignés entre ces deux phases de l'esprit humain : le génie qui enfante les systèmes, est soutenu par la passion du vrai, l'esprit d'observation et l'amour de l'humanité ; il est secondé par l'examen sérieux des luttes de l'homme avec les obstacles qui arrêtent son esprit dans l'étude des connaissances humaines, par la connaissance de la psychologie et des phénomènes physiologiques, par l'étude approfondie des méthodes spéciales, enfin, dans le travail pénible de l'enfantement, par de longues veilles où les yeux de l'esprit sans cesse fixés sur les faits musicaux, cherchent avec une persévérance infatigable, des signes conformes à l'état de nos diverses facultés et aux exigences nombreuses de l'art musical.

Cette faculté créatrice ne doit donc être que l'apanage de quelques âmes fortement trempées, et très-passionnées de tout ce qui est, dans le monde des connaissances humaines, conforme à l'esprit humain, à la raison éclairée par l'étude.

Le génie, qui enfante de riches mélodies, ne demande aucune des conditions précédentes : la perspective d'un public qui trépigne de joie et dont on inonde l'âme de jouissances pures ; le charme pour le musicien d'une phrase mélodique inconnue et qui frappera son oreille pour la première fois, ou d'un effet harmonique nouveau, voilà, à peu près, les principes du génie musical.

4° Les compositeurs vivent dans un milieu peu propre à leur faire comprendre combien sont nombreux les vices du système usuel : ils ne sont pas professeurs ; si quelques-uns ont enseigné, ils n'ont donné que des leçons particulières où les difficultés des signes sont une cause de richesse par la multiplicité des leçons ; tandis que l'enseignement donné à des groupes d'enfants est le moyen le plus efficace et le plus sûr de faire naître des idées nouvelles dans l'esprit du maître observateur et réformateur.

5° Certaines personnes ont un amour-propre qu'on rougirait d'avouer ou de formuler, dont les effets sont bien préjudiciables au perfectionnement de l'art ; il existe, j'en suis sûr, même à leur insu. C'est un peu dans notre nature humaine, modifiée par les usages sociaux, d'attacher une grande importance à une chose qui attire l'attention universelle et qui reste un secret pour tout le monde, sauf pour les initiés. C'est probablement pour cette raison que sans cesse la musique se complique ; chaque auteur ajoute à ce qu'il sait parfaitement, quelque chose que tous les musiciens ignorent, mais qu'ils devinent. C'est pour cette raison que les réformes si simples, citées plus haut, n'ont pas lieu. La musique par là est une langue qui donne à ceux qui la possèdent tout le prestige qui couvrait les anciens prêtres d'Egypte.

« Pourquoi la rage de paraître savant nous fait-elle multiplier nos entraves? Ayons plutôt celle d'être simple. La simplicité est ce qu'il y a de plus beau dans les arts, soit dans la théorie, soit dans la pratique. » (GRETRY.)

Voici une comparaison qui éclairera le lecteur.

Il est évident que le chiffre arabe 8 est bien plus simple que le nombre romain VIII; mais ce dernier demande plus d'étude, et les masses n'ont pas trop le temps d'étudier; et les monopoleurs égoïstes de connaissances de s'empresser de pratiquer les chiffres romains au lieu des chiffres arabes connus de tout le monde. Il est dans la musique une multitude de petites réformes qu'on aurait pu faire et qu'on néglige, même au milieu du XIXe siècle, et qui sont aussi sensibles que celle qui consisterait à remplacer le nombre VIII par le chiffre 8.

6° Les grands compositeurs, absorbés dans des études et des travaux spéciaux, portent rarement leur ambition plus loin que les limites tracées par leurs productions musicales; quelques-uns négligent donc des connaissances qui peuvent être essentielles à celui qui veut créer un alphabet musical.

« Les hommes qui ont composé le plus d'ouvrages sont ceux qui ont le moins écrit sur la musique; les musiciens froids raisonnent sur l'art, et les hommes doués d'une imagination vive et exaltée composent; les premiers ont classé et établi les règles et les lois de la science. » (GRETRY, note de l'éditeur.)

Il faut conclure de tout ce qui précède, que le nom de grand compositeur n'est pas nécessaire pour créer une méthode. Si les études musicales qu'il faut faire pour obtenir ce titre flatteur, ne demandaient pas l'absorption de toutes les facultés intellectuelles pendant de nombreuses années, certainement les grands musiciens pourraient se livrer fructueusement à des recherches.

Je ne vois pas que les écrivains remarquables se soient occupés de faire des recueils d'éléments de grammaire française; ce sont des hommes en dehors des groupes de littérateurs qui cherchent à formuler les règles déduites des ouvrages des grands écrivains. Occupés de travaux plus conformes aux inspirations incessantes de leur imagination, ils ont préféré laisser à des hommes passionnés pour l'art didactique, le soin de faire des règles grammaticales, travail essentiellement aride pour les écrivains, fécond et plein de charmes pour certaines organisations.

A l'appui de ce que je viens de dire, je vais citer un passage de J.-J. Rousseau.

« On se récrie sur la longueur des maîtres et sur la difficulté de l'art, et l'on rebute ceux
» qui proposent de l'éclairer et de l'abréger. Tout le monde convient que les caractères de
» la musique sont dans un état d'imperfection peu proportionné aux progrès qu'on a faits
» dans les autres parties de cet art : cependant on se défend contre toute proposition de le
» réformer, comme contre un danger affreux. Imaginer d'autres signes que ceux dont s'est
» servi le divin Lulli est, non-seulement la plus haute extravagance dont l'esprit humain
» soit capable, mais encore une espèce de sacrilége. Lulli est un dieu dont le doigt est
» venu fixer à jamais l'état de ses sacrés caractères : bons ou mauvais, il n'importe; il faut
» qu'ils soient éternisés par ses ouvrages. Il n'est plus permis d'y toucher sans se rendre
» criminel, et il faudra, au pied de la lettre, que tous les jeunes gens qui apprendront désor-
» mais la musique paient un tribut de deux ou trois ans de peine au mérite de Lulli.

» Si ce ne sont pas là les propres termes, c'est du moins le sens des objections que j'ai ouï

» faire cent fois contre tout projet qui tendrait à réformer cette partie de la musique. Quoi ! » faudra-t-il jeter au feu tous nos auteurs, tout renouveler ? Lalande, Bernier, Corelli, tout » serait donc perdu pour nous ? Où prendrions-nous de nouveaux Orphées pour nous en » dédommager ? et quels seraient les musiciens qui voudraient se résoudre à redevenir » écoliers ?

» Je ne sais pas bien comment l'entendent ceux qui font ces objections ; mais il me sem- » ble qu'en les réduisant en maximes, et en détaillant un peu les conséquences, on en ferait des » aphorismes fort singuliers, pour arrêter tout court le progrès des lettres et des beaux-arts.

» D'ailleurs, ce raisonnement porte à faux ; l'établissement de nouveaux caractères, bien » loin de détruire les anciens ouvrages, les conserverait doublement par les nouvelles éditions » qu'on en ferait, et par les anciennes qui subsisteraient toujours. Quand on a traduit un » auteur, je ne vois pas la nécessité de jeter l'original au feu. Ce n'est donc ni l'ouvrage » en lui-même, ni les exemplaires qu'on risquerait de perdre ; et remarquez surtout que, » quelque avantageux que pût être un nouveau système, il ne détruirait jamais l'ancien avec » assez de rapidité pour en abolir tout d'un coup l'usage ; les livres en seraient usés avant » que d'être inutiles, et quand ils ne serviraient que de ressources aux opiniâtres, on trou- » verait toujours assez à les employer.

» Je sais que les musiciens ne sont pas traitables sur ce chapitre. La musique pour eux » n'est pas la science des sons, c'est celle des noires, des blanches, des doubles-croches ; et » dès que ces figures cesseraient d'affecter leurs yeux, ils ne croiraient jamais voir réellement » de la musique. La crainte de devenir écoliers, et surtout le train de cette habitude qu'ils » prennent pour la science même, leur feront toujours regarder avec mépris ou avec effroi » tout ce qu'on leur proposerait en ce genre. Il ne faut pas compter sur leur approbation, » il faut même compter sur toute leur résistance, dans l'établissement de nouveaux carac- » tères, non pas comme bons ou comme mauvais en eux-mêmes, mais simplement comme » nouveaux.

» Je ne sais quel aurait été le sentiment particulier de Lulli sur ce point, mais je suis » presque sûr qu'il était trop grand homme pour donner dans ces petitesses. Lulli aurait » senti que sa science ne tenait point à des caractères ; que ses sons ne cesseraient jamais » d'être des sons divins, quelques signes qu'on employât pour les exprimer ; et qu'enfin » c'était toujours un service important à rendre à son art et au progrès de ses ouvrages » que de les publier dans une langue aussi énergique, mais plus facile à entendre, et qui » par là deviendrait plus universelle, dût-il en coûter l'abandon de quelques vieux exem- » plaires, dont assurément ils n'ignoraient pas que le prix fût à comparer à la perfection géné- » rale de l'art. » (Dissertation sur la musique, page 19.) (1)

CHAPITRE TROISIÈME.

Les détracteurs quand même de toute réforme dans les signes musicaux.

Les détracteurs quand même de n'importe quelle notation musicale, tout en préconisant le

(1) Ce passage, considéré au point de vue de mon système, a bien plus de force, vu que mes signes ne demandent aucune étude nouvelle. — Tout ce qu'a dit Rousseau, sur les réformes musicales en général, est une preuve évidente que ce qu'il a dit plus tard, contre le système qu'il proposait, était juste. Il fallait que les inconvénients de ses caractères fussent bien évidents pour effacer d'un seul coup de plume des années de travail : c'est là au reste le caractère de l'homme de génie. Je donne par là un avis aux partisans modernes du système de Rousseau, légèrement perfectionné par Gallin.

système usuel, renvoient les réformateurs dans le monde des utopistes par les raisons banales :

1° Que la plupart des musiciens ont toujours reçu, avec une grande indifférence, les diverses notations qui ont été présentées depuis Guy d'Arezzo ;

2° Qu'il faudrait complétement abandonner les chefs-d'œuvre lyriques anciens ;

3° Qu'une nouvelle étude de signes musicaux n'est ni dans les intérêts, ni dans les goûts des artistes.

On voit que ces raisons ont un caractère de généralité tel, qu'elles pourraient être données pour des réformes étrangères à la musique.

Elles sont, en outre, extrinsèques : et elles ne portent conséquemment aucune atteinte à un nouveau système.

Si un système quelconque pouvait mettre l'étude de la musique à la portée de tout le monde par la simplicité des signes, par le peu de sacrifices d'argent qu'elle exigerait ; en outre, s'il exprimait tous les faits existants et ceux qui peuvent naître du développement de l'art, et que l'impression des productions musicales fût réduite au prix des impressions typographiques, je dis que ces raisons seraient inadmissibles ; il faudrait faire bien peu de cas de cet élément de jouissances intellectuelles que la nature a mis en nous, pour rendre les hommes plus religieux et plus moraux, et conséquemment plus heureux.

Non, ces raisons ne peuvent pas sortir d'une âme généreuse ; car il est dans les desseins de la Providence que ce qu'elle a fait pour le bonheur de l'homme, soit accessible à toutes ses créatures.

Il faut donc que toutes ces vues étroites et entachées de l'égoïsme le plus inhumain, que cette opposition systématique, engendrée principalement par la vanité, restent sans effet devant le développement de la raison générale ; il faut, en un mot, que tous les hommes participent aux festins intellectuels auxquels la nature nous invite, et dont on veut bannir à jamais les masses, par une opposition criminelle à toute amélioration dans l'expression des éléments harmoniques, ou par un sot orgueil, qui fait que certaines catégories d'hommes s'emparent exclusivement de cette source de bonheur, comme si elle n'était pas du domaine public : ce qui est, au point de vue de l'économie de la création, un vol des dons que Dieu a répartis indistinctement sur tous les hommes.

« Toute idée trop étrangère à notre manière de voir et de sentir, nous semble toujours » ridicule. Le même projet, qui, vaste et grand, paraîtra cependant d'une exécution facile » au grand ministre, sera traité par un ministre ordinaire, de fou, d'insensé ; et ce projet, » pour me servir de la phrase usitée parmi les sots, sera renvoyée *à la République de Caton*. » Voilà la raison pour laquelle, en certains pays, où les esprits, énervés par la superstition, » sont paresseux et peu capables de grandes entreprises, on croit couvrir un homme du » plus grand ridicule lorsqu'on dit de lui : *C'est un homme qui veut réformer l'État* »

(HELVÉTIUS.)

1° *Ces détracteurs disent que la plupart des musiciens ont accueilli avec indifférence les diverses notations musicales qui ont été présentées depuis le XVe siècle.*

S'ils affirmaient que cette indifférence est provoquée par les vices d'un système, cette opposition se comprendrait ; mais ils semblent dire, au contraire : quelle que soit la bonté d'un système de notation musicale, les musiciens l'accueilleront avec un tel dédain, que les ignorants finiront par croire qu'il est causé par les défauts du système proposé.

Ces prôneurs du système usuel portent, sur les artistes, un jugement qui est loin de faire honneur au caractère de ceux-ci.

Que nous importent, sembleraient-ils dire, vos améliorations ? Nous sommes parvenus, par de grands efforts, il est vrai, à conquérir cette richesse morale, eh bien ! travaillez comme nous, car nous nous opposerons avec opiniâtreté à la propagation des réformes qui pourraient être pour vous une économie de temps et d'argent. Jusqu'ici, nous avons été les seuls possesseurs de cette source féconde où notre âme se désaltère ; la généralisation des études musicales nous enlèverait une partie de cette puissance magique qui nous attire l'estime et la considération du public.

Nous vous condamnons à l'ignorance de cet art divin, par le maintien de signes hiéroglyphiques, afin que l'éloignement des hommes, de toute étude musicale, nous laisse seuls possesseurs de ce monopole intellectuel.

Cette opposition systématique est inévitable dans un siècle tel que celui où nous vivons ; mais évidemment elle serait sans effet, si les administrations spéciales, convaincues de la bonté d'un système et de l'importance de la culture du chant, voulaient prêter un concours efficace à une propagation intelligente : l'enseignement de la musique par une nouvelle notation, à l'exclusion de toute autre, dans les différentes écoles publiques, suffirait seul pour vaincre l'opiniâtreté de quelques égoïstes.

Que d'obstacles devaient se présenter dans l'application des nouveaux poids et mesures ! eh bien ! vous avez vu comme ils ont été facilement vaincus par quelques lois sévères et par l'enseignement public du nouveau système.

Avec l'aide des pouvoirs universitaires, on peut tout ; sans leur appui, il faut lutter contre des obstacles tels qu'on peut facilement échouer, quels que soient l'activité des propagateurs, leur esprit, et la bonté du système qu'ils préconisent.

Ainsi la première raison donnée par les partisans du système usuel, découlant d'un principe coupable, l'égoïsme, nous la considérons comme nulle.

2° Les détracteurs de toute notation nouvelle objectent qu'il faudrait complétement abandonner nos chefs-d'œuvre lyriques.

Cette objection est la seule qui puisse avoir, au premier examen, une valeur sérieuse.

N'oubliez pas que c'est la seule raison qu'on puisse faire valoir pour s'opposer à l'adoption de notre musicographie, car les autres ne peuvent pas s'appliquer à notre système, parce qu'il n'exige des musiciens aucune nouvelle étude, parce qu'il jette une vive lumière sur les faits musicaux qui ne sont pas bien compris, et qu'il double immédiatement les connaissances phoniques, rhythmiques et harmoniques qu'on possède déjà.

Nous allons réduire à sa juste valeur la deuxième objection.

1° De tout ce qui subit le caprice de la mode, incontestablement les chants, et surtout les chants de tout le monde, sont ceux qui passent plus vite. Une production aujourd'hui électrise notre âme par son rhythme nouveau, original, par la combinaison heureuse des sons ; mais bientôt nos organes, fatigués de subir les mêmes impressions, abandonnent bien vite ce qui leur procurait des sensations si vives, et réclament d'autres combinaisons rhythmiques et phoniques. Alors soyez bien sûr que le chant délaissé ne revivra que par l'activité d'une nouvelle génération.

Il suit de cette satiété inévitable, que les musiciens ne chantent ou n'exécutent que les productions modernes, que les œuvres originales des nouveaux compositeurs qui, ayant subi l'influence de la mode capricieuse, règlent leur style sur le style du jour, s'inspirent sur des poésies au goût du jour, en un mot identifient leur génie avec les exigences artistiques de l'époque.

Les compositeurs savent bien que tel air, qui a pu procurer des sensations agréables dans le XVIIIe siècle, ne serait souvent pas goûté aujourd'hui par un auditoire intelligent. Ceux qui ont quelque génie ont leur style particulier, qui résulte souvent de la différence de l'organisation physique, comme en littérature, les écrivains ayant quelque mérite ont aussi leur style, plus ou moins original, qui résulte d'une disposition particulière de l'âme.

Il suit de là que, dans le cas où la musique serait aussi répandue que la lecture française, sur mille chanteurs à peine en trouverait-on un seul qui, pour sa satisfaction personnelle, aurait recours à la musique ancienne; les compositions modernes, qui ont rapport aux faits actuels qu'il comprend, aux mœurs du jour auxquelles ses habitudes se conforment, seront les seules que sa voix se plaira à reproduire.

2° En admettant toujours que la musique fasse partie essentielle de l'enseignement primaire, qu'une notation simple et rationnelle soit exigée dans les écoles, les musiciens se compteront par millions; ne pensez-vous pas alors combien ceux qui font le commerce de la musique auront intérêt de réimprimer en totalité ou partiellement les chefs-d'œuvre anciens : car les personnes les moins favorisées de la fortune feront plutôt des sacrifices pécuniaires pour des objets qui se rattachent au chant que pour tous ceux qui se rapportent au luxe. Il serait facile de prouver que dès qu'un homme commence à entrer dans la voie de l'émancipation intellectuelle, il n'est pas de sacrifices qu'il ne fasse pour embellir et nourrir son esprit.

Le désir insatiable de connaître de nouveaux faits rhythmiques ou phoniques et de les reproduire pour charmer les connaissances qui l'entourent, le déterminera à dédaigner certains plaisirs illicites ou onéreux pour se jeter dans les jouissances plus élevées et plus variées en impressions durables.

Disons donc ici ce que nous répéterons ailleurs, que l'adoption d'une notation plus facile, plus rationnelle, plus à la portée de tout le monde, fera la fortune des éditeurs de musique, des compositeurs, des professeurs, des chanteurs et d'un grand nombre d'imprimeurs.

On verra paraître, par suite de la modicité de l'impression de la musique, des recueils des chefs-d'œuvre lyriques anciens, comme de nos jours nous voyons des recueils des chefs-d'œuvre de la littérature française. Ce recueil, au reste, manque aux compositeurs et aux amateurs.

Supposez que les éditeurs de musique ne comprennent pas qu'une révolution semblable serait dans leurs intérêts, pourquoi le gouvernement ne ferait-il pas, dans une question d'intérêt général, quelques sacrifices d'argent pour favoriser l'universalisation de la musique par la reproduction à bon marché des œuvres de nos illustres compositeurs?

3° Les personnes qui perfectionnent leur savoir en musique par l'étude des anciens ouvrages sont évidemment très-rares; il en est de même dans la littérature. Est-ce que le grand nombre de lecteurs ont recours aux livres écrits en grec ou en latin pour nourrir leur intelligence? Dans leur propre langue ne trouvent-ils pas de quoi satisfaire leur louable curiosité ?

Il n'y a que les philosophes et quelques hommes dont la profession exige des études perpétuelles en littérature qui étudient sans cesse les langues vivantes et les langues mortes pour s'identifier avec les penseurs anciens et modernes. Dans ce cas, ces hommes exceptionnels, poussés par un besoin irrésistible, acquièrent ces langues avec une facilité étonnante.

Pourquoi les musiciens qui s'occupent de la philosophie de la musique, de la composition, ou qui font des ouvrages ayant un caractère didactique, ne feraient-ils pas, dans l'exception où ils se trouvent, des études rétrospectives exceptionnelles?

4° Les ennemis de tout changement en musique disent encore : *Les musiciens ne se détermineront jamais à sacrifier beaucoup de temps à l'étude d'une nouvelle notation.*

Cette nouvelle étude qu'exigent les quelques systèmes de notation qui ont été présentés, a été évidemment un obstacle à leur acceptation par les artistes.

En effet, les musiciens seuls savent le temps et la patience qu'il leur a fallu pour débrouiller cette espèce de langue chinoise enseignée et pratiquée dans toute l'Europe, et qu'on appelle notation usuelle de musique créée au XIe siècle.

L'inventeur se trouve donc, dès le début, en face d'une multitude de détracteurs redoutables à cause de leur spécialité. Cependant cette raison, quelque peu sérieuse en apparence, que deviendrait-elle à côté de la protection toute-puissante des administrations chargées de surveiller les maisons d'éducation? Ces adversaires seraient bien forcés, tôt ou tard, à laisser leurs armes et à sacrifier quelque temps à l'étude d'une nouvelle langue universelle.

Remarquez bien, au surplus, que toute notation musicale, si elle est rationnelle, doit être à la portée de toutes les intelligences, et n'exiger qu'une étude très-courte.

Cette objection, avons-nous déjà dit, ne peut atteindre notre système, puisque, après une première lecture de nos principes, les musiciens peuvent comprendre et pratiquer notre musicographie.

Il est facile de se convaincre combien ces objections, l'indifférence des musiciens, leurs intérêts et l'étude de la vieille musique ont peu de valeur.

Mais à défaut de raisons sérieuses puisées dans les règles de la didactique, ne faut-il pas laisser forcément à certains esprits, la faculté de contrarier, par tous les moyens machiavéliques, tout ce qui ne sort pas de leur cerveau ou qui a un caractère d'utilité générale.

Nous aimons à croire que l'opposition faite par quelques musiciens ennemis du progrès n'a pas ce caractère de généralité qui la rendrait injuste, vu que probablement elle a été provoquée par les vices nombreux de divers systèmes qu'ils ont pu étudier.

Nous disons donc à tous les critiques indistinctement, dont la plupart peuvent avoir reçu un développement intellectuel qui leur impose dans la vie des devoirs exceptionnels, ayant rapport au triomphe de la vérité et au développement de toutes les facultés de l'homme, que leur sentence est déjà préparée dans le cas d'une opposition systématique.

CHAPITRE QUATRIÈME.

Des réformateurs et des qualités qu'ils doivent avoir.

Il est des personnes non musiciennes, et même des musiciens qui ne comprennent pas qu'il soit possible de simplifier la notation musicale.

Je réponds à cette catégorie particulière d'ennemis de toute révolution dans l'emploi des signes musicaux :

1° Pensent-elles que les quelques théoriciens savants qui ont, depuis le xve siècle, cherché à remplacer les hiéroglyphes musicaux créés au xie, ont fait de nombreuses recherches, sans une conviction profonde et éclairée que les signes usités étaient illogiques ? certainement non. J.-J. Rousseau avait à sa disposition un trop vaste domaine qu'il pouvait exploiter pour la satisfaction de son amour-propre, sans compromettre sa réputation de profond logicien, en cherchant à substituer au système usuel une autre notation et cela, pour le seul plaisir de porter le titre d'inventeur. Non, un motif semblable n'aurait pas pu le déterminer à sacrifier plusieurs années à la recherche d'une nouvelle écriture musicale. C'est qu'il avait la conviction qu'il était possible d'arriver à exprimer plus logiquement les faits musicaux.

Il n'a pas atteint le but qu'il se proposait, mais il a donné le bon exemple aux réformateurs à venir.

Je pourrais citer une dizaine de réformateurs qui sont dans le même cas que J.-J. Rousseau, et dont les travaux ont paru dans le xviiie siècle.

2° Pour concevoir l'idée de démolir puis de fonder en matière de musique, il faut certaines conditions qu'il est extrêmement difficile de rencontrer, même dans les grands musiciens.

a. Il faut être animé du feu sacré d'être utile à l'humanité, en mettant à la disposition de tous les hommes un élément de bonheur, physique et moral, dont les conséquences sont si fécondes au point de vue religieux et moral.

b. Il faut avoir *l'esprit d'observation* à un degré assez élevé. Le musicien absorbé dans les jouissances musicales, laisse son esprit dans une espèce d'extase qui le rend impropre à reconnaître les mauvais rapports entre les signes et les faits qui les expriment. Il faut que le réformateur sérieux ait une tendance en quelque sorte instinctive à l'analyse, à la comparaison incessante des faits et des signes. Il doit calculer, par la connaissance qu'il doit avoir de l'intelligence humaine, si tels signes ne seraient pas mieux appropriés que tels autres à la constitution physique et intellectuelle de l'homme. Son esprit n'est en repos que lorsque les défauts sont bien déterminés et bien formulés et que les signes qui sont destinés à les détruire, remplissent des conditions philosophiques que les autres ne peuvent pas remplir. On doit comprendre que la majorité des hommes, emportés par les plaisirs physiques, négligent les secrètes jouissances des réformateurs.

c. Il est des circonstances particulières où cet esprit d'observation trouve un aliment précieux que peu d'hommes peuvent se procurer. Ainsi le professeur qui cherche à réformer l'art, la science qu'il enseigne, trouve, s'il a cette disposition spéciale de l'esprit qui consiste à analyser sans cesse, à comparer et à tirer des inductions justes, trouve, dis-je, au milieu des enfants, ce qu'il lui est à peu près impossible de trouver dans son cabinet.

Il calcule avec une sagacité rare, si les difficultés qu'éprouve l'élève de s'approprier un fait, tient à son intelligence, à sa volonté ou aux signes ; il peut donc faire divers essais pour s'assurer si, par des signes plus logiques, il n'arriverait pas plus vite à l'intelligence de l'élève.

On comprend très-bien que cette position, où le réformateur-professeur ajoute, retranche, modifie, au gré en quelque sorte de son imagination, est une condition précieuse, et je puis dire presque indispensable, pour arriver à compléter un système rationnel.

« Parmi les écrivains il en est qui sont plus ou moins aptes à traiter le sujet qu'ils veulent développer. Les uns n'ont presque besoin que d'érudition : tels sont les commentateurs, les historiens, les critiques, etc. ; les autres se confient à la fécondité de leur imagination ; tels sont les romanciers, les auteurs de pièces de théâtre, etc. *L'autre classe, qui est celle des observateurs, ne peut tirer un grand concours de l'érudition ni de l'imagination ; sans cesse occupée à comparer et à lier entre eux les faits et les idées, elle doit presque tout à la méditation.* Cette classe comprend les mathématiciens, les moralistes, les métaphysiciens, etc. Pour tous, le jugement est indispensable ; mais il faut de plus encore, à ces derniers, une sévérité de logique dont on dispense, jusqu'à un certain point, les deux premières classes. Enfin il y a entre eux cette grande différence que les premiers tirent presque toute leur richesse des richesses étrangères : ils exploitent une mine découverte par autrui, ils ne peuvent composer qu'en feuilletant les productions déjà publiées. Les seconds, se transportant dans un monde idéal, établissent avec le nôtre des rapports plus ou moins faciles, selon qu'ils sont plus ou moins intimes, et trouvent encore dans la lecture des ouvrages analogues, les foyers où s'allume et se nourrit leur imagination ; une très-grande partie de leurs richesses est à eux, le reste est emprunté. Les troisièmes tirent tout de leur propre fonds. Après avoir donné le temps convenable à la lecture et à l'observation des faits et des matières qui se rapportent au sujet qu'ils se proposent de traiter, ils sont obligés de fermer tous les livres, de se replier sur eux-mêmes, de partir de l'état des connaissances actuelles, pour chercher parmi les rapports qu'ont entre elles les vérités connues, des conséquences inobservées encore, et pour augmenter ainsi le cercle des vérités. »

Je doute qu'il y ait dans la vie d'un musicien, une circonstance qui exige plus de science musicale, que celle où il veut s'occuper de réforme musicale.

La théorie de la musique étant basée sur des signes essentiellement illogiques, elle est rarement sue dans tous ses détails, ou au moins une multitude de faits s'échappent bien vite de la mémoire, de sorte qu'il n'y reste plus que les règles indispensables à la pratique.

Oui, pour chercher à détruire tout ce vieil édifice aux mille labyrinthes, bâti dans le XIe siècle, et auquel depuis cette époque on a souvent ajouté sans toucher au plan bien mal conçu, il faut faire des études vraiment exceptionnelles, pour voir à nu les faits musicaux tels qu'ils existent dans la nature ; je suis tellement convaincu des difficultés énormes que doit éprouver celui qui veut la connaître dans ses plus petits détails, que je voudrais embarrasser, par des questions purement théoriques, les plus grands musiciens : questions ayant cependant une application quotidienne dans la pratique de la musique. C'est que j'ai vu que pour ne pas travailler en vain, il fallait sérieusement se remettre à l'étude ; vu que les éléments, donnés généralement, sont bien insuffisants pour un réformateur ; la théorie musicale, la théorie des instruments, et l'harmonie constituent le domaine musical que le philosophe musicien doit sans cesse explorer et qu'il ne peut abandonner sans s'exposer, dans ses inventions, à détruire quand il croit son édifice à moitié construit.

Il est bien peu d'ouvrages contenant peu ou beaucoup de théorie musicale, auxquels j'aie été forcé d'avoir recours pour me rendre raison de l'existence de tel ou tel fait.

Il faut donc que l'inventeur possède à un certain degré la faculté de synthétiser ; il faut que son imagination soit assez étendue pour avoir sans cesse devant les yeux les exigences vocales, instrumentales et harmoniques.

Sera-t-on maintenant étonné si peu de musiciens avouent ou comprennent la nécessité d'une réforme? Sera-t-on maintenant convaincu qu'il ne peut y avoir que des artistes possédant à un rare degré l'amour de la musique, l'art d'analyser, la passion pour l'étude, et surtout le désir ardent de plier aux exigences de la logique des faits auxquels jusqu'ici on donne une forme que l'ignorance seule, où l'on était au XIe siècle des vraies règles de la didactique, peut justifier.

4° Après avoir approfondi la théorie, et avoir reconnu toutes les difficultés que l'art musical offre aux élèves, après s'être formé la conviction qu'il serait possible de créer des règles nouvelles qui n'auraient pas l'inconvénient des anciennes, il faut trouver les nouveaux signes, et c'est ici que bien des musiciens, après avoir reconnu le vide de la méthode usuelle, s'arrêtent faute d'une disposition spéciale de l'esprit que la nature seule peut donner. Pour tous les travaux qui précèdent, le courage et le jugement peuvent suffire; mais pour créer, il faut autre chose.

Soyez donc étonnés maintenant de la rareté des réformateurs et de l'aveuglement de ceux qui trouvent tout bien !

CHAPITRE CINQUIÈME.

Moyens généraux de faire triompher une nouvelle notation.

Voici quelques moyens qui pourraient être employés pour assurer promptement le triomphe d'une nouvelle notation :

1° Offrir aux éditeurs de musique une prime pour les morceaux de chant qu'ils publieraient exclusivement selon la nouvelle écriture.

2° Exiger dans les écoles publiques l'enseignement de la nouvelle méthode à l'exclusion de l'ancienne.

3° Faire ouvrir dans les grandes villes des cours gratuits de musique selon le système en question.

4° Offrir à des professeurs qui ouvriraient des cours gratuits dans les principales villes de l'Europe, une rétribution temporaire.

Avec ces quelques moyens, j'ai la certitude que deux ans ne seraient pas nécessaires pour répandre la nouvelle musicographie, et pour voir une multitude de musiciens selon l'ancienne méthode, chanteurs ou instrumentistes, pratiquer exclusivement la nouvelle écriture ; surtout quand on pense que toute l'Europe adopte avec facilité tout ce qu'enfante le génie industriel, scientifique et artistique de la France.

CHAPITRE SIXIÈME.

Objections.

Première objection.

Lorsque vos élèves pourront lire la musique, écrite avec les signes nouveaux, sauront-ils la déchiffrer si elle est écrite avec les signes usuels? Non.

A. En présentant un système pouvant satisfaire parfaitement à toutes les exigences vocales, instrumentales et harmoniques, j'ai pour but de reléguer dans les bibliothèques publiques, la musique écrite selon les anciens signes, où les grands compositeurs pourront aller s'inspirer aux meilleures sources, et de faire adopter, dans les publications nouvelles, les signes nouveaux.

C'est, en d'autres termes, une révolution dans les signes musicaux que je tente : elle est beaucoup plus facile qu'on ne le pense, quand on réfléchit que mes signes, loin d'exiger des musiciens de nouvelles études, doublent, triplent leurs connaissances vocales, instrumentales et harmoniques après quelques heures d'étude. Ceci est tellement vrai que, si je mets sur le piano un morceau écrit avec mes signes, le pianiste, etc., le jouera immédiatement, lentement d'abord, ce qui prouve qu'un nouveau travail de mémoire n'est nullement imposé au musicien : il n'a qu'à se rappeler que les huitièmes (octaves) occupent toujours des positions semblables ; et que les signes de position de la portée tertiaire sont identiques à ceux qui sont donnés par la portée quintenaire clef de bol (sol).

Quant aux durées, quel est celui qui ne connait pas le rapport par quotient des petits nombres qu'on compare entr'eux, comme celui de 4 à 8, de 8 à 16, de 8 à 32, etc., etc. ?

La révolution étant accomplie, on conçoit que l'objection tombe d'elle-même et que, sur mille musiciens, on en trouvera un peut-être qui ira fouiller dans les bibliothèques pour étudier la musique de nos anciens compositeurs ; remarquez bien que cent mille francs suffiraient pour réimprimer les chefs-d'œuvre de nos célèbres compositeurs.

B. Je vais supposer ici que ma notation n'est pas acceptée comme devant remplacer l'écriture ancienne.

Je vais donc prouver que, malgré cette non-acceptation, elle est indispensable si l'on veut devenir musicien à peu de frais, promptement et de manière à ne jamais oublier les signes que représentent tous les faits musicaux.

L'art de lire la musique écrite selon le système usuel, sans l'aide d'un instrument, est une chose extrêmement rare ; je puis donc affirmer sans crainte d'être démenti que, sur cent élèves qui prennent plus de cent leçons, comme on les prend dans les cours publics, il n'y en aura pas 5 qui persévèreront dans la pratique de la musique par suite des complications du système usuel.

Il suit de là qu'une multitude de jeunes gens de bonne foi et avec la plus grande confiance, étudient la musique pensant que c'est un art qu'on peut apprendre ; mais quel est leur surprise lorsque, loin d'un mentor, et abandonnés à leurs propres forces, ils se trouvent dans l'impossibilité de déchiffrer tous les chants qu'on leur offre.

Avec mes signes, quelques leçons suffisent pour pouvoir étudier seul, et vingt au plus pour lire tous les airs majeurs et mineurs, je ne dirai pas à première vue, mais après deux ou trois minutes d'étude.

Comme les règles sont en très-petit nombre et très-faciles à retenir, il ne les oubliera jamais.

En outre, des règles de traduction musicale sont données dans ma méthode. Ainsi, un chant quelconque écrit avec les cinq lignes, pourra toujours être facilement traduit par mes élèves.

Je me propose aussi de publier tous les ans plusieurs centaines de morceaux de chant pour éviter à mes élèves le travail de traducteur. Un bureau de traduction pourrait aussi faciliter l'usage de mes signes.

Ainsi, par l'écriture usuelle on ne devient lecteur qu'exceptionnellement ; par les nouveaux signes au contraire, tous les élèves acquièrent ce titre et cela avec quelques heures de travail : donc il vaut mieux étudier par ma notation que par celle qui a été créée au XIe siècle.

Plusieurs musiciens, pratiquant le système usuel depuis des années, se servent de mes signes pour apprendre plus promptement les nouvelles romances qu'ils traduisent facilement, afin de les reproduire avec plus de justesse, et pour mieux comprendre le caractère de chaque fragment mélodique.

Si après l'étude du nouveau système on veut devenir instrumentiste, le système usuel sera bien plus facile à comprendre ; car entre les deux systèmes les rapports sont très-nombreux.

Ces rapports ne sont que l'effet du hasard et non les conséquences d'une transition que j'aurais voulu ménager.

Dans la recherche de nouveaux signes musicaux, j'ai eu sans cesse devant mes yeux les faits qui constituent l'art musical ; là j'ai invoqué les règles d'une saine logique ; puis j'ai écarté loin de moi tous les signes existants pour mieux m'identifier avec la nature des éléments harmoniques que tous les hommes peuvent produire et que l'art a perfectionnés.

1° La portée tertiaire se compose des trois premières lignes du système usuel.

2° Les sept signes de position, qui ne sont que pour l'instrumentiste, existent pour lui éviter la transposition et pour exprimer conséquemment les faits phoniques d'un instrument.

3° L'élévation ou l'abaissement de la gamme sur l'échelle existe comme dans le système usuel.

4° Les signes de durée que j'emploie sont la traduction exacte des 56 signes rhythmiques de la notation ancienne ; la connaissance de ces signes facilitera, d'une manière étonnante, l'intelligence des signes de durée du système usuel.

Deuxième objection.

Les signes géométriques que vous avez choisis pour exprimer les sept sons générateurs sont difficiles à tracer.

A. L'objection me paraîtrait sérieuse si l'imprimerie n'existait pas. J'aime à croire que Guy-d'Arezzo a subordonné un peu le choix qu'il a fait des signes musicaux à l'habitude forcée qu'on avait de tout écrire à la main, vu que l'imprimerie n'existait pas au XIe siècle.

Avec les progrès remarquables qu'a faits la typographie, on ne copie pas plus de musique qu'on ne copie des livres modernes : on préfère acheter la musique ainsi que les livres.

La musique écrite selon le système usuel est, il est vrai, d'un prix élevé ; mais ceci ne tient qu'au petit nombre de personnes qui apprennent l'art, et à la complication des signes qui rend l'usage de la typographie très-chère. Mais par l'adoption de ma méthode, le prix des morceaux de chant serait à la portée de toutes les fortunes, parce que les acheteurs se compteraient par millions et que le prix de la composition et du tirage typographiques seraient diminués de près de soixante-quinze pour cent.

B. Maintenant si je compare mes sept signes aux innombrables hiéroglyphes du système actuel, je crois qu'il y a une assez grande différence en faveur de mes figures.

Il existe des manuscrits de musique complétement illisibles. Je citerai ceux de Nicolo, mort en 1822, et dont la veuve ne peut tirer aucun parti parce qu'on ne peut pas les déchiffrer.

Je n'ai dans la nouvelle écriture que quatre signes dont il faut savoir dessiner la forme, ce sont le *carré*, le *losange*, la *circonférence* et le *triangle* : car le cercle, le demi-cercle et l'ovale dérivent de la circonférence ; quant au carré, dans la musique manuscrite, on peut à volonté le laisser blanc, ce qui le rend plus facile à tracer.

Lorsque, dans les leçons, on voudra faire écrire aux élèves, comme exercices, certains sons ou certains airs, on pourra avec plus de facilité, employer la sténographie musicale dont j'ai donné les règles.

Troisième objection.

Dans le système usuel, les notes expriment tout à la-fois, le son, par leur position; et la durée du son, par leur forme, avantage qui n'existe pas dans votre écriture nouvelle.

Il y a dans la notation usuelle quelque chose de sténographique qui rend cette écriture très-difficile à lire. En effet, la musique étant plus un art qu'une science, il faut que les signes frappent essentiellement les sens pour réveiller la mémoire des sons. Si cette sensation doit être précédée d'un acte de l'esprit, l'intonation, dans un art où les perceptions doivent se succéder avec une rapidité extraordinaire, l'intonation, dis-je, est sans cesse entravée.

Cette objection sera réduite à néant si l'on veut se rappeler que le chiffre doit presque toucher la figure; si l'on veut tenir compte de l'intensité des sensations que produisent les figures originales, et de la liberté d'action de l'esprit qui n'est pas obligé de calculer ce qu'est une ronde, une blanche, une noire, etc., un soupir, etc., etc., pointés, doublement, triplement ou quadruplement pointés par rapport à telle ou telle note, simple, ou pointée; étude essentiellement fastidieuse, ingrate et presque toujours très-imparfaite, complétement anéantie par l'emploi des chiffres arabes dont tout le monde connait la valeur, on rengainera bien vite son épée, confus de n'avoir eu à lutter que contre un fantôme.

« Les yeux doivent être ménagés par-dessus tout, dans la pratique d'un art où avant tout » il faut parler aux yeux, et les signes ne sauraient être trop sensibles dans une écriture où » la rapidité de la lecture est le principal objet qu'on doit se proposer. » (RAIMOND, de l'Académie de Turin.)

Cette séparation du chiffre de l'objet auquel il se rapporte, existe dans tous les faits sociaux où ce signe est employé à l'état concret. En effet, si l'on veut exprimer quatre francs, par exemple, on écrit 4, puis le mot franc.

Voici quelques autres avantages de cette séparation du signe phonique et du signe rhythmique.

Si le professeur veut attaquer des difficultés exclusivement phoniques, il n'a qu'à s'occuper des figures; il les trace sur un tableau noir, et là, il exerce ses élèves. Le même avantage a lieu pour les difficultés rhythmiques : il écrit avec une grande facilité les chiffres arabes sur un tableau noir, et là, il exerce ses élèves à vaincre une ou plusieurs difficultés exclusivement rhythmiques.

En outre, quand les nouveaux signes seront bien répandus, on pourra faire usage d'abréviations rhythmiques qui simplifieraient bien l'écriture musicale. (Lisez la partie rhythmique de la sténographie musicale.)

Ces abréviations seraient extrêmement importantes dans la musique écrite pour les instruments accompagnateurs où les durées sont toujours égales, dans le plus grand nombre de cas.

APPENDICE SUR L'UTILITÉ DE LA MUSIQUE.

SUITE DE LA PAGE 108.

Ainsi, Messieurs, vous avez répondu d'avance aux objections de ces hommes frivoles qui considèrent la science du musicien comme plus agréable qu'utile. Les beaux-arts étant unis entre eux par une sorte de lien de confraternité, ont un même but et une logique commune; vous les aimez et vous les cultivez tous, parce qu'ils font les délices de tous les esprits éclairés et délicats. Les sages de l'antiquité ne dédaignaient pas l'étude de la musique, ils la regardaient comme faisant partie de la poésie, de la morale, de la politique, de la religion. C'était une opinion reçue parmi eux que les nations avaient dû être civilisées par des musiciens-poëtes et législateurs. Telle est l'incroyable puissance de la musique sur les hommes de tous les temps et de tous les pays.

La musique, chez nous comme chez les anciens, ne se mêle-t-elle pas à toutes les cérémonies politiques et religieuses et à toutes les scènes de la vie? Elle appelle le guerrier au combat, elle le précipite au-devant des périls qu'elle lui dérobe, et dans son enthousiasme ou son ivresse de gloire, elle célèbre ou sa victoire ou son trépas! Dans nos temples, elle invite l'âme au recueillement et aux sublimes pensées, elle l'enlève pour ainsi dire à l'empire de la terre en lui faisant goûter les plus pures jouissances intellectuelles. Qui n'a souvent ressenti cet état de l'âme où, sans souffrir, elle semble languir, où penser serait un service trop violent, ou un sentiment vague de découragement et d'ennui nous rend presque indifférents à tout? Alors le langage idéal de la musique pense encore nous charmer et nous rattacher à la vie en nous rendant capables d'actions. Elle seule peut calmer les peines morales et les douleurs profondes que la raison ne ferait qu'irriter. Et elle peut être encore le meilleur remède pour les maux du corps qui proviennent de l'âme. Enfin la musique appliquée à la scène, qui semble n'avoir que l'amusement et le plaisir, est susceptible de prendre tous les caractères, de peindre les passions et les mœurs, de s'élever jusqu'au pathétique et jusqu'au sublime héroïque ou religieux, suivant la nature du sujet et le génie du compositeur.

(*Essai sur Grétry lu à la Société d'émulation*).

INFLUENCE DE LA MUSIQUE SUR LES ENFANTS.

Je vais citer un passage où Mainzer, auteur d'une méthode de musique, décrit, en parlant aux élèves des écoles françaises, la puissance de la musique sur les jeunes Allemands. « Les enfants qui fréquentent les écoles, apprennent à chanter tous, sans exception, les garçons comme les filles. Il y a conséquemment en Allemagne autant de petits chanteurs que d'enfants; à côté de leur abécédaire, ils portent constamment leur petite méthode de chant, leurs exercices et leur petit recueil de chansons à une ou deux voix..... Après être entrés en classe, ils se lèvent tous au signal donné par le maître, ouvrent leur recueil et cherchent la chanson intitulée : *Avant l'ouverture de la classe.* Cette chanson leur rappelle leurs devoirs envers Dieu, envers le maître et envers les parents..... Ainsi disposés, tant par la beauté des vers que par la vérité des préceptes qu'ils renferment, et par le charme d'une mélodie simple, expressive, chantée par quarante, cinquante, souvent même par cent voix différentes; jugez de quelle ardeur leur jeune cœur se pénètre! Cette multitude de voix, cette attention qu'ils mettent à prononcer tous à la fois, comme avec une seule bouche, les mêmes paroles, à chanter la même mélodie, à s'occuper de la même pensée : tout cela a un charme inexprimable, tout cela agit sur leur imagination, et l'élève à un tel degré qu'il n'est pas rare de voir couler des larmes d'attendrissement des yeux des enfants comme de ceux du maître..... L'instituteur s'aperçoit-il que, par suite d'une application non interrompue, les forces paraissent s'affaiblir et que l'impatience, si naturelle au jeune âge, commence à gagner ses petits élèves, alors il annonce la leçon de chant. Oh! que n'êtes-vous là pour entendre les cris de joie qui éclatent en ce moment! toute lassitude a disparu . . . .

Oh! qu'ils sont heureux ces enfants! qu'ils aiment à aller à l'école et qu'ils sont attentifs à tout ce qu'on y dit! Ils sont reconnaissants de tout ce plaisir qu'on leur procure, ils chérissent leurs parents et leurs maîtres, et l'on apprend beaucoup, vous le savez, avec ceux qu'on chérit.

Quand arrive la fête de la maman ou du papa, celle du frère, de la sœur ou du maître, quelle joie!... Alors les frères, les sœurs, les petits amis se réunissent, ils apprennent une ou deux nouvelles chansons; la veille du grand jour, ils se placent autour d'un instrument, ayant des fleurs dans leurs cheveux et dans leurs mains, la gaieté sur le visage, le bonheur dans les yeux, l'amour dans le cœur, et leur hommage s'embellit par leurs chants, de l'expression la plus douce et la plus attendrissante.

..... Le chant n'est pas un luxe, il perfectionne la finesse de l'ouïe, purifie la voix, renforce la poitrine, améliore le cœur; il rend les écoles plus gaies, plus attrayantes; la maison plus paternelle, plus sacrée; l'église plus sublime; il soulage le pauvre, rend le riche bienveillant, il console celui qui souffre en diminuant sa peine de moitié, et rend plus heureux encore celui qui est heureux en doublant le plaisir.

CELUI QUI CHANTE EST BON : LE MÉCHANT NE CHANTE PAS.

L'enseignement dans les écoles, ne tend ordinairement qu'à développer l'intelligence de la jeunesse; qu'à former sa raison, qu'à élargir son entendement, mais le corps succombe, et aucun aliment n'est offert ni au cœur ni à l'âme des jeunes élèves.

Afin de pourvoir en même temps au développement de leurs forces physiques et de leurs facultés intellectuelles, on a introduit les exercices gymnastiques dans les écoles et les institutions de l'Allemagne; et pour ouvrir le cœur des enfants à tous les sentiments généreux, pour empêcher qu'une conscience orgueilleuse de leur éducation intellectuelle n'altérât la pureté de leur âme et n'étouffât en eux le germe des mouvements nobles et bienveillants du jeune âge, on a mis le chant au nombre des autres objets d'étude.

L'effet immédiat de cet art dans les écoles est d'ouvrir l'oreille des enfants aux impressions des sons, de rendre leur goût plus délicat, de leur donner de l'éloignement pour ce qui est léger ou frivole, d'imprimer un essor noble à tous les mouvements. On leur procure ainsi un plus digne objet de récréation, qui, par l'effet d'une attraction sympathique, favorise parmi eux la concorde, maintient la communauté des sentiments, et forme de doux liens entre ces jeunes cœurs.....

Ce n'est pas assez qu'on ait cessé de redouter le chant comme nuisible à la santé, on est arrivé à le considérer comme un des moyens les plus efficaces pour donner de la force et de la vigueur à tous les organes physiques que le chant met en mouvement... L'expérience a fait aisément reconnaître que l'étude du chant, outre qu'elle forme la voix et l'oreille, procure encore de la force et de la souplesse à toutes les parties du corps qui exercent, sur les poumons, une influence quelconque.

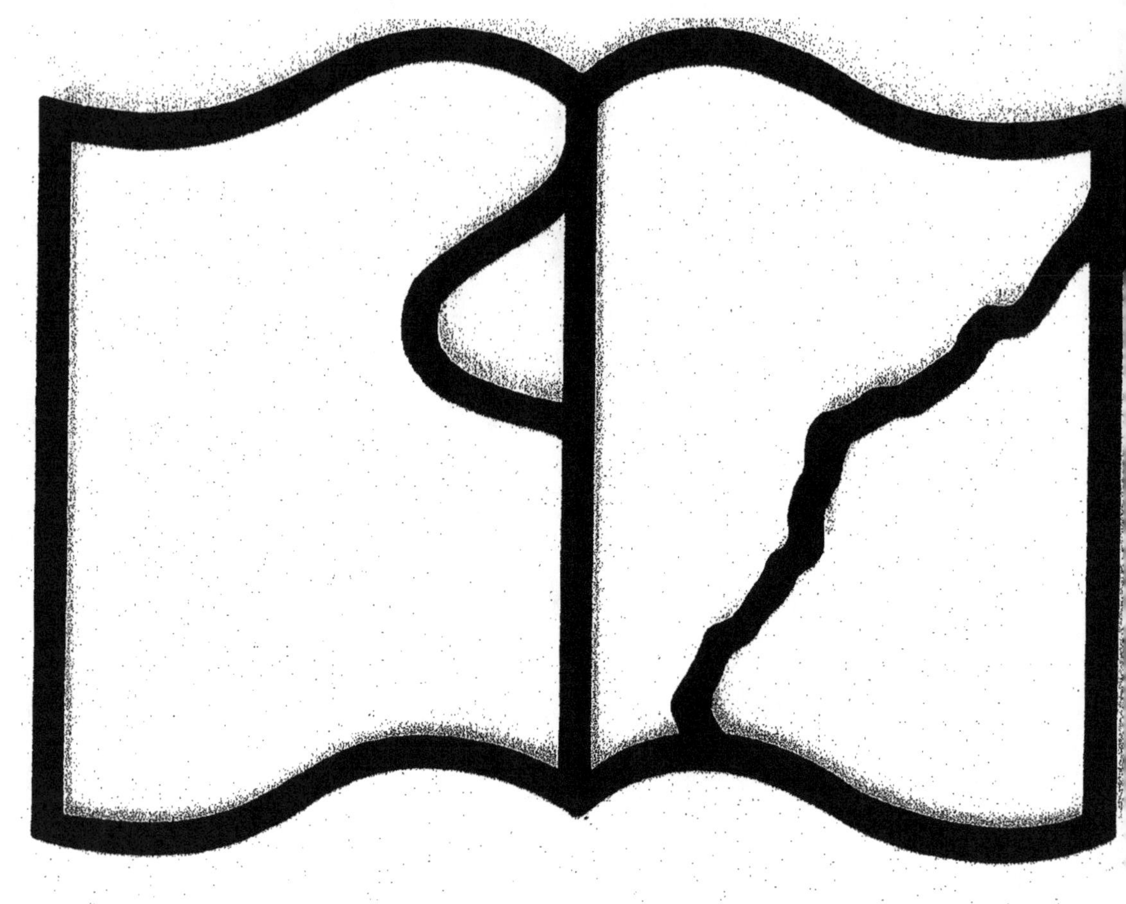

Texte détérioré — reliure défectueuse

NF Z 43-120-11

Contraste insuffisant

NF Z 43-120-14

www.ingramcontent.com/pod-product-compliance
Lightning Source LLC
Chambersburg PA
CBHW051732090426
42738CB00010B/2216

* 9 7 8 2 0 1 2 7 6 2 7 3 2 *